mit den besten
Wünschen
von
Mitti & Uwe

Uwe Westfehling

Mit den Normannen nach England

Eine der großen Invasionen der europäischen Geschichte

Abb. 1
Der entscheidende Augenblick: Wilhelm „der Eroberer" zeigt sein Gesicht in der Schlacht bei Hastings.

Uwe Westfehling

Mit den Normannen nach England

Eine der großen Invasionen der europäischen Geschichte

152 Seiten mit 27 Abbildungen und 8 Tafeln

Titelbild:
Vordergrund-Motiv:
Wilhelm der Eroberer in der Schlacht bei Hastings. Er führt eine Keule („baculus"), die auch auf dem Teppich von Bayeux zu sehen ist und wohl nicht als Waffe, sondern als ein archaisches Symbol der Befehlsgewalt verstanden werden muss. Aquarell und Gouache des Verfassers.

Hintergrund-Motiv:
Die Küste Südenglands bei Dover. Foto des Verfassers.

Gestaltung: Melanie Jungels, scancomp GmbH Wiesbaden

Gestaltung des Titelbildes: Gerald Habel, scancomp GmbH Wiesbaden

Lektorat: Frauke Itzerott, Carmen Tanzer

Bibliografische Information der Deutschen Nationalbibliothek

Die Deutsche Nationalbibliothek verzeichnet diese Publikation in der Deutschen Nationalbibliografie; detaillierte bibliografische Daten sind im Internet über http://dnb.d-nb.de abrufbar.

© 2014 by Nünnerich-Asmus Verlag & Media, Mainz am Rhein

ISBN 978-3-943904-56-7

Alle Rechte, insbesondere das der Übersetzung in fremde Sprachen, vorbehalten. Ohne ausdrückliche Genehmigung des Verlages ist es auch nicht gestattet, dieses Buch oder Teile daraus auf fotomechanischem Wege (Fotokopie, Mikrokopie) zu vervielfältigen oder unter Verwendung elektronischer Systeme zu verarbeiten und zu verbreiten.

Printed by Nünnerich-Asmus Verlag & Media

Weitere Titel aus unserem Verlagsprogramm finden Sie unter:
www.na-verlag.de

Inhalt

7	Geschichte als Abenteuer
10	Das Erbe der Wikinger
17	Die Normandie – eine neue Heimat
20	Herzöge aus dem Haus der „Rolloniden"
28	Um die Krone von England
32	Englische Könige vor Wilhelm „dem Eroberer"
39	Anno 1066, das „Schicksals-Jahr"
43	Der Herausforderer: Herzog Wilhelm II.
50	Der Verteidiger: König Harold II.
56	Der Weg nach Hastings
62	„Countdown" zur Entscheidung – von der Landung bis zur Schlacht
65	Die Gegner: Bewaffnung und Kampfesweise
73	Ein blutiger Tag
82	Battle Abbey – ein Spaziergang
92	Ein „Weltkulturerbe": der Teppich von Bayeux
96	Das neue Königtum
97	Tafelteil

115	Wilhelms Ende und seine Nachfolge
116	Englische Könige nach Wilhelm „dem Eroberer"
118	Auf den Spuren der Geschichte ...
120	Unterwegs in der Normandie
123	Ziele im „grünen Land"
127	Unterwegs in Südengland
129	Am Weg der Eroberer
138	Geschichte lebt!
141	Bücher, Filme, Internet ...
149	Praktische Tipps für „Abenteurer"
151	Anmerkungen
152	Abbildungsnachweis

„Geschichte, das ist auch das Abenteuer"
Slogan des französischen Magazins *„Vécu"*

Geschichte als Abenteuer

Im Jahre des Herrn 1013 landet Sven Gabelbart, König von Dänemark, mit Heeresmacht in England, plündert mehrere Städte und erobert ganze Provinzen. König Ethelred, Träger der angelsächsischen Krone und damit ein Erbe Alfreds d. Gr., sieht seine Position als unhaltbar an und ergreift die Flucht. Er verlässt die Insel, geht aufs Festland und stellt sich unter den Schutz des Herzogs der Normandie, der sein Schwager ist. 1014 stirbt der siegreiche Sven, bevor er sich krönen lassen kann. Dann kommt sein Sohn Knut nach England und erhebt Anspruch auf die Krone, die ihm aber erst 1016 zugesprochen wird, nachdem auch der zurückgekehrte Ethelred und sein tatkräftiger Sohn Edmund gestorben sind …

Ein Land wird erobert, ein Herrscher geht ins Exil, ein Thron steht zwischen widerstreitenden Interessen. Nichts wirklich Ungewöhnliches im Lauf der Geschichte. Aber diesmal zündet der Funke: Es ist der Anfang einer Kette atemberaubender Ereignisse und bald geht es keineswegs nur um eine spektakuläre Militäraktion, sondern um so etwas wie die „feindliche Übernahme" eines ganzen Staatswesens. Ein Vorgang, dessen Folgen bis heute zu spüren sind!

Eine Zeit des Umbruchs

Das 11. Jh. ist in der Geschichte des Abendlandes eine Zeit dramatischer Veränderungen. Es beginnt mit einem Abenteuer: dem Vorstoß europäischer Seefahrer in die „Neue Welt" Nordamerika (um 1000). Am Ende steht die blutige Eroberung Jerusalems durch die „Glaubens-Kämpfer" des Ersten Kreuzzugs (1099). Dazwischen liegen andere umwälzende Entwicklungen: In Spanien tritt die „*Reconquista*", die Offensive christlicher Mächte gegen die islamische Herrschaft, durch das Auftreten des Nationalhelden „*El Cid*" (ab etwa 1065) in eine entscheidende neue Phase. Die kirchliche Reformbewegung, die vom klösterlichen Zentrum Cluny ausgeht, greift wirkungsvoll um sich und der „Investiturstreit", der Konflikt zwischen Papsttum und Kaisertum, erreicht in Canossa (1077) mit der Demütigung Heinrichs IV. vor Gregor VII. einen drastischen Höhepunkt. In der Schlacht von Manzikert in Anatolien (1071) erleidet das byzantinische Kaiserreich eine empfindliche Niederlage, die das Vordringen der seldschukischen Türken zur Folge hat.

Dies ist nur eine kleine Auswahl aus einer Vielzahl markanter Ereignisse, die sich beträchtlich erweitern ließe. Und nicht zuletzt sind es die Normannen, die als „Beweger" tiefgreifender Umwälzungen hervortreten. Eine ihrer kühnsten Unternehmungen ist ohne Zweifel 1066 die Invasion des englischen Königreichs, und die treibende Kraft dabei ist ganz entschieden Herzog Wilhelm „der Eroberer" (Abb. 1, 2), ein Mann an dem uns manches rätselhaft bleibt ...

Vor tausend Jahren

Rund tausend Jahre liegen zwischen uns und diesen Ereignissen. Für menschliche Verhältnisse eine ungeheure Spanne! Wie gewinnt man über so großen Abstand hinweg verlässliche Kenntnis? Nun, die „Quellen", alle jene Auskunftsmittel von denen die Forschung ihr Faktenwissen bezieht, sind nicht spärlich. Wir kennen einiges an Äußerungen aus der Zeit selbst, schriftliche Aufzeichnungen, Dokumente und Berichte. Manches davon (wie Verträge oder Briefe) stammt unmittelbar aus dem Geschehen. Doch wie weit spiegelt es „Wahrheit"? Auch wenn die Echtheit als erwiesen gelten darf, bleibt die Aufgabe der Interpretation, wobei die Bedingungen der jeweiligen Zeit zu berücksichtigen sind und viele Stellungnahmen nur als subjektive Meinung gelten können. J. Geburt schreibt über die normannische Invasion Englands: „Die Darstellung der individuellen Charakterzüge der einzelnen historischen Persönlichkeiten war immer abhängig von Zeit, Kontext und Umständen."* Neben schriftlichen Quellen gibt es Bildwerke wie den berühmten Teppich von Bayeux, aber gerade der muss als besonders „tendenziös" betrachtet werden. Bauten (Burgen, Kirchen, Häuser) und Gegenstände (Kleidung, Waffen, Werkzeug, Schiffe) können ebenfalls aufschlussreich sein, aber auch die müssen wir rekonstruieren und im Zusammenhang sehen. So ist Geschichtsforschung seit jeher mit vielen Problemen konfrontiert. Eine „ewige Baustelle". Und sie ist keineswegs frei von Interessen, Vorurteilen und Wunsch-Projektionen. Meinungen stehen gegeneinander und manche Frage bleibt offen ... vielleicht für immer.

Dennoch aktuell ...

Trotz solcher Schwierigkeiten ist die Beschäftigung mit Geschichte unerlässlich, wenn wir für die Zukunft etwas lernen und nicht immer wieder dieselben Fehler machen wollen. Auch wenn es nicht ohne Ungewissheiten und Kontroversen verläuft. Und gerade die Invasion von 1066 bietet uns ein Abenteuer von größter Faszination. Vor allem wohl durch die unerhörte Tragweite der Vorgänge. Und dann durch die spektakulären Züge des Geschehens: Machtkampf und Herrschaftswechsel, Ehrgeiz und Treue ebenso wie Verrat und Eidbruch (tatsächlich oder behauptet?), Bruderzwist und Schlachtgetümmel, Aufbegehren und Unterdrückung, Hoffnung und Verzweiflung, Liebe und Tod. Ist es nicht wie ein Blick auf Shakespeares Weltbühne?

Also machen wir uns auf: Mit den Normannen nach England!

Abb. 2
Wilhelm „der Eroberer" – ein Denkmal (Falaise) und viele Fragen ...

„Inzwischen überfielen dänische Seeräuber von der Nordsee aus (…) Rouen, wüteten mit Raub, Schwert und Feuer, schickten die Stadt, die Mönche und das übrige Volk in den Tod oder in Gefangenschaft, verheerten alle Klöster sowie alle Orte am Ufer der Seine oder ließen sie, nachdem sie sich viel Geld hatten geben lassen, in Schrecken zurück."

„Annales Bertiani" für das Jahr 841*

Das Erbe der Wikinger

Normannen, das bedeutet ja nichts anderes als „Männer aus dem Norden". Damit ist die Herkunft aus einem Bereich angesprochen, der keineswegs eine geschlossene und klar umrissene Einheit bildet. Wir haben es mit Abkömmlingen unterschiedlicher Bevölkerungsgruppen aus den Ländern Skandinaviens zu tun, die gegen Ende des ersten Jahrtausends die Bühne der abendländischen Geschichte betreten, und zwar in äußerst nachdrücklicher Weise. Sie kommen vor allem als räuberische Seefahrer und werden zum Schrecken der Bevölkerung in vielen Küstengebieten.

Die „Nordmänner" zeigen aber auch händlerische Bestrebungen und erweisen sich überhaupt als findig und tatendurstig. Ihre kühnen Erkundungsfahrten führen über erstaunliche Entfernungen. Sie überwinden ungezählte Hindernisse und erzielen beachtliche Erfolge. Aber ihre Unternehmungen sind auch durch einen Zug rücksichtsloser Durchsetzungskraft gekennzeichnet, der es offenbar nicht selten schwierig gemacht hat, mit ihnen umzugehen. Allgemein sind diese Menschen unter dem Sammelnamen Wikinger bekannt …

Plünderer und Händler

„… und beschütze uns vor dem wilden Grimm der Wikinger!" Mit dieser oder einer ähnlichen Bitte, so heißt es, habe um das Jahr 1000 mancher gläubige Christ an den Küsten Europas seine Gebete beschlossen. In der Tat droht in jener Zeit eine ständige Gefahr von den räuberischen Seefahrern aus dem Norden. Nach kleineren Vorstößen überfallen sie im

Jahre 793 Lindisfarne an der englischen Ostküste, eine altehrwürdige Klostergründung, berühmt für ihre heiligen Bücher wie das kostbare, reich geschmückte Evangelienbuch aus der Zeit um 700. Dies ist der erste große Raubzug, der uns überliefert wird. Und viele weitere folgen. Die „Männer vom Meer" gehen rücksichtslos vor: Sie tauchen überraschend auf, brandschatzen, plündern und vergewaltigen; Männer, die sich ihnen entgegenstellen, werden getötet, Frauen und Kinder verschleppt und zu Sklaven gemacht. Weder Geistliche oder Nonnen noch Gotteshäuser und Kirchenschätze werden verschont. Kirchengerät aus wertvollen Metallen und nicht selten mit Juwelen besetzt gehört sogar zur bevorzugten Beute. Die Wikinger sind keine Christen – was allerdings, wenn man die mittelalterliche Geschichte des Kriegführens und Beutemachens betrachtet, durchaus nicht immer einen Unterschied gemacht hat. Nach beendetem Raubzug kehren die Wikinger meist zu ihren heimatlichen Wohnsitzen in Dänemark, Norwegen und Schweden zurück.

Allerdings dürfen wir uns das Bild nicht allzu simpel vorstellen. Zwar gibt es damals in Skandinavien wohl viele Kriegertrupps und kampferprobte „Banden", die fast jedes Jahr zu solchen räuberischen Streifzügen aufbrechen, aber keineswegs alle „Nordleute" beteiligen sich an diesen Unternehmungen, und selbstverständlich werden auch Ackerbau und Viehzucht betrieben.

Überhaupt wäre es falsch, nur die räuberische Seite dieser Völkerstämme herauszustellen. Die seefahrenden Nordmänner treten auch als Händler auf und nicht selten mag der eine Zweck mit dem anderen verbunden gewesen sein. So entsteht auch ein Netz von Handelswegen, das sich von Skandinavien bis tief ins europäische Binnenland und sogar bis nach Nordafrika und in den Orient erstreckt. Zu einem wichtigen Zentrum für den Ostseebereich wird Haithabu, eine große Ansiedlung, die unweit der heutigen Stadt Schleswig liegt und heute in Umrissen rekonstruiert ist.

Für ihre Raubfahrten nehmen die Wikinger besonders gerne die Küsten der britischen Inseln zum Ziel, aber sie wenden sich beispielsweise auch gegen das Frankenreich. Auch lassen sie es bald nicht mehr bei kurzfristigen Vorstößen bewenden, sondern es kommt zu großangelegten Raubzügen, auf denen wohl auch keine regelmäßige Rückkehr mehr vorgesehen ist. Durchaus nicht nur einzelne Klöster oder kleine Dörfer fallen ihrem Wüten zum Opfer. Selbst größere Städte mit starken Befestigungen dürfen sich keineswegs sicher fühlen. So belagern und brandschatzen sie Köln und greifen Paris an. Und bald ist eine weitere Entwicklung zu erkennen: Im Laufe der Zeit gründen die Wikinger eigene Ansiedlungen, die sowohl Ausgangsbasis für weitere Kriegsfahrten sind als auch Zentren für Handelsinitiativen und schließlich sogar Stützpunkte für eine ausgreifende Beherrschung ganzer Landstriche. Solche Niederlassungen entstehen beispielsweise in York und in Dublin. Damit formiert sich eine Grundlage für das Streben nach noch weiter gehenden Eroberungen. Und manche Eigenschaften, die man den Nordmännern versuchsweise zuordnen kann, unterstützen ihre Unternehmungslust. Dazu gehören wohl ebenso ihre körperliche Stärke wie eine große Zielstrebigkeit und ein gewisser Erfindungsreichtum im Vorgehen. Der Kampf „liegt ihnen" und ihrer Besitzgier entspricht eine ziemlich rücksichtslose Bereitschaft zur Gewaltanwendung. Hinzu kommt offenbar eine tief verwurzelte Unruhe, die sich in einer Art rastlosem Wandertrieb ausdrückt. Manches an solchen Vorstellungen mag Klischeebild sein, aber die Bedrohung ist eine Tatsache: Den Zeitgenossen, die dem Zugriff der wilden Gesellen ausgesetzt waren, müssen sie als Abgesandte der Hölle erschienen sein.

Schiffe, Waffen, Ausrüstung

Das wichtigste Instrument für die spektakulären Erfolge der Wikinger sind ihre Schiffe: schnell, wendig und widerstandsfähig, wenn auch nicht sehr groß und bei ungünstiger Witterung wenig komfortabel für ihre Besatzung. Sie gelten heute noch als ein Höhepunkt in der Geschichte des Schiffbaus (Abb. 3). Ihre Grundform ist lang, schlank und flach sowie an beiden Enden schnittig zulaufend und mit hohem Steven versehen. Der Rumpf ist in Klinkerbauweise konstruiert, d.h. so, dass sich die einzelnen Planken überlappen und mit eisernen Bolzen zusammengefügt sind. Es gibt einen Mast, der in einer festen Bettung (Mastblock) verankert ist. Sie können sowohl mit Rudern als auch mit einem Rah-Segel bewegt werden. Auf Kriegs- und Raubfahrten tragen die Schiffsenden geschnitzte Drachenköpfe. Grundsätzlich besteht allerdings kein großer Unterschied zwischen Kampf- und Handelsschiffen und manches „Langschiff" mag beiden Zwecken gedient haben.

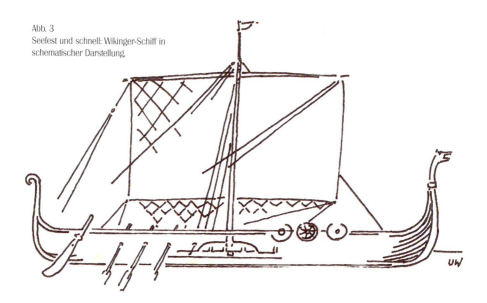

Abb. 3
Seefest und schnell: Wikinger-Schiff in schematischer Darstellung.

Auch die Kampfausrüstung war so beschaffen, dass sie den „Stoßtrupps" Überlegenheit sicherte: Helme, manchmal mit bügelähnlichem Schutz für die Augen („Brillenhelm") – die berühmten „gehörnten" Helme sind nicht nachgewiesen und scheinen der Fantasie späterer Zeit entsprungen zu sein. Dazu kommen Langschwert oder Streitaxt und Rundschild. Als Kleidung müssen wir uns wollene Kittel, Hosen und Umhänge vorstellen. Als „Panzerung" Lederwams und auch Kettenhemd.

Was die nautischen Hilfsmittel betrifft, so gibt es unterschiedliche Theorien und manche Spekulationen. Hatten die Wikinger bereits den Kompass oder eine Vorform davon? Welche Rolle spielte der sogenannte „Sonnenstein"? Diese Diskussion kann nicht als abgeschlossen betrachtet werden. Jedenfalls ist es erstaunlich, welch erfolgreiche Navigation den Wikingern auf offener See und über große Entfernungen hinweg möglich gewesen ist.

Zu neuen Küsten und Ländern

Im Museum von Visby auf Gotland habe ich vor einem erstaunlichen Münzschatz gestanden, einem stattlichen „Hort", den wohl ein erfolgreicher Wikinger vergraben hat, der nicht mehr dazu gekommen ist, ihn wieder auszugraben. So konnte der Schatz später von Archäologen gefunden werden. Darin befinden sich zahlreiche Geldstücke aus zahlreichen Ländern und einige davon sind sogar im fernen Bagdad geprägt worden. Das muss nicht unbedingt bedeuten, dass jemand von der Ostsee bis zum Zweistromland an Euphrat und Tigris gereist ist, aber auf jeden Fall beweist es Handelsbeziehungen, die sich bis in jene abenteuerliche Ferne erstreckten, wo Kontakt zur berühmten „Seidenstraße" bestand.

Tatsächlich fuhren die Wikinger nicht nur weithin über See, sondern sie benutzten auch die großen Ströme Russlands und sind auf solchen Wegen bis ins Schwarze Meer gelangt. Man trifft ihre Spuren in Istanbul/Konstantinopel, wo in der grandiosen Kuppelkirche „Hagia Sophia" eine Inschrift aus nordischen „Runen" gezeigt wird, die in den Stein eines Gesimses eingeschnitten ist. In der Blütezeit des Reiches von Byzanz umgaben sich die Kaiser des Ostens sogar mit einer Leibwache aus wikingischen Söldnern, der sogenannten „Warägergarde". Auch an den Löwenstatuen am Arsenal von Venedig, die sich früher im Hafen von Piräus bei Athen befunden haben, sieht man Runenzeichen. Basis für solche weitgespannten „Züge" waren zweifellos die Niederlassungen an der Ostseeküste und weitere „Knotenpunkte" an den großen Flüssen.

Aber die Reisen der Wikinger nach Osten werden noch übertroffen durch ihre Fahrten in die entgegengesetzte Richtung (Abb. 4). Bereits im 9. Jh. erreichen skandinavische Seefahrer Island und etwas später landen andere in Grönland, das gegen Ende des 10. Jhs. unter Erik „dem Roten" besiedelt wird. Die alten „Sagas" (Heldengedichte) berichten aber auch, dass kühne „Entdecker" weiter gefahren und bis zur Ostküste Nordamerikas gelangt sind,

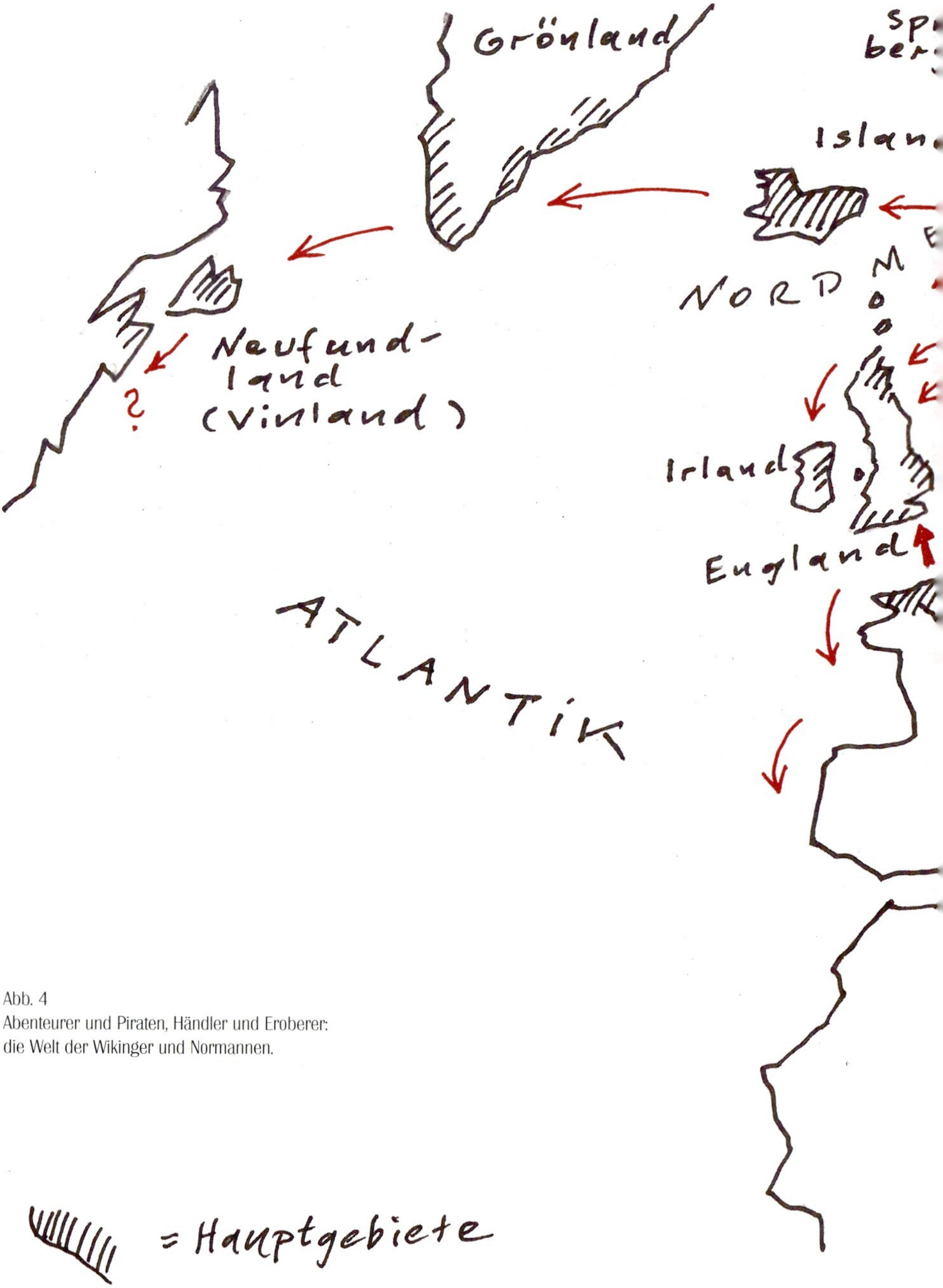

Abb. 4
Abenteurer und Piraten, Händler und Eroberer:
die Welt der Wikinger und Normannen.

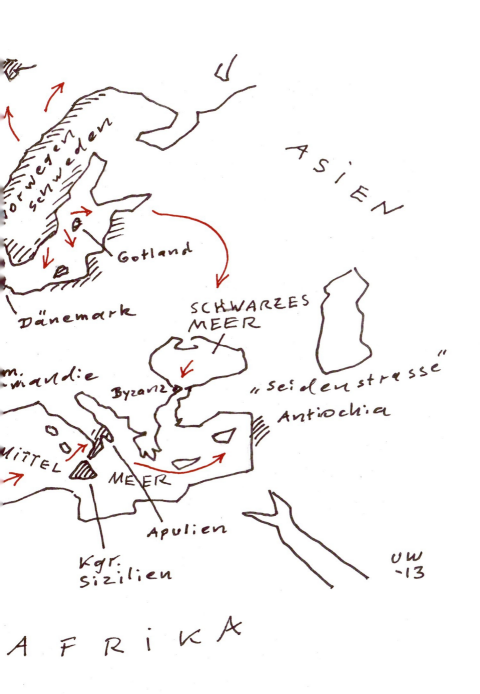

als Erster wohl Eriks Sohn Leif („Leif Eriksson") im Jahre 1000 oder 1001. Die Siedlungsreste in L´Anse aux Meadows (Neufundland) bieten einen augenfälligen Beweis für diese Behauptung. Schon damals, lange vor Kolumbus, gib es also für einige Zeit Kontakt von Europa bis hinüber in die Neue Welt, die mit dem Namen „Vinland" (Land des Weins) bezeichnet wird. Später freilich sind diese Verbindungen wieder abgerissen.

Die Wikinger sind die unmittelbaren Vorfahren jener Völkerschaften, die im weiteren Verlauf der mittelalterlichen Geschichte unter dem Namen Normannen in verschiedenen Bereichen des Abendlandes – und darüber hinaus! – so nachhaltig in den Gang der Ereignisse eingreifen und so spektakulär von sich reden machen werden.

Von der Rolle normannischer Herren im Mittelmeer und im Vorderen Orient wird noch einmal die Rede sein (S. 25 f.). Betrachten wir zuvor die erstaunliche Entwicklung, die sich in einem Gebiet anbahnt, das bis heute den Namen der „Nordmänner" trägt. Gemeint ist selbstverständlich jene Küsten-Provinz im alten Gallien, also auf dem Boden des einstigen Römischen Imperiums und seiner „Rekonstruktion", des karolingischen Kaiserreichs, und zwar in jenem Gebiet, das wir nach der Reichsteilung „west-fränkisch" nennen – und das mehr oder weniger dem heutigen Frankreich entspricht.

Die Normandie – eine neue Heimat

Im Jahre des Herrn 911 geschieht an einem unscheinbaren Ort im westfränkischen Königreich, der den Namen Saint-Clair-sur-Epte trägt, etwas bei erster Betrachtung durchaus Unerwartetes: Ein Mann namens Rollo (auch Rolf oder Hrólf) schließt einen Pakt für den Frieden!

Dabei ist dieser Rollo nach allem, was wir wissen, ein äußerst kriegerischer Mann. Ein kühner und unternehmungslustiger Bursche, der in seinem bisherigen Leben kaum einem Risiko aus dem Weg gegangen ist, wahrscheinlich sogar ein rücksichtsloser Draufgänger, der sich stets genommen hat, was er haben wollte, und der vor Gewaltanwendung nicht zurückgeschreckt ist. Also eher ein blutrünstiger Räuberhauptmann als ein Staatengründer. Einer jener Anführer, unter deren Kommando die gefürchteten „Männer aus dem Norden" an allen Küsten des Abendlandes geplündert und gemordet haben. Ein „Wikingerfürst".

Kluge Entscheidung eines „einfältigen" Königs

Und eben dieser Rollo willigt ein, sein Wort zu verpfänden für eine Abmachung die ihm zweifellos eine drastische Veränderung seiner Lebensweise auferlegt: Er nimmt es auf sich, sesshaft zu werden und einen Herren über sich anzuerkennen – zumindest nominell, auch wenn er möglicherweise ein paar geheime Vorbehalte hat. Er verpflichtet sich, Frieden zu halten. Und – dies nicht zuletzt: Rollo erklärt sich bereit, die christliche Taufe anzunehmen! Er schwört also seinen Göttern und Gewohnheiten ab. Diese

Fakten scheinen festzustehen, wenn auch die ganze Geschichte dieses Vertrages in einer eher legendenhaften Form auf uns gekommen ist. Ein Wolf wird fromm? Was sind seine Gründe?

Nun ganz klar sehen wir das nicht. Rollo hat offenbar im Frühling des Jahres 911 einen größer angelegten Raubzug durch westfränkisches Gebiet unternommen und er kommandierte keineswegs eine zufällig zusammengestoppelte Räuberbande, sondern eine Truppe, die man wohl als ein Heer bezeichnen darf. Auch früher schon hatten sich ja Wikingertrupps zu stattlichen Armeen vereinigt, beispielsweise, wenn es darum ging, selbst größere Städte zu belagern. Hier und da ist es sogar zu Ansiedlungen auf dem Kontinent gekommen.

Nun ist Rollos Streitmacht bis in die Gegend von Chartres vorgedrungen, und plötzlich wendet sich das Blatt. Der Vorstoß ist, wie eine Überlieferung sagt, wider Erwarten ungünstig verlaufen. Eine Niederlage für die Sieggewohnten? Muss Rollo gegen seinen Willen zurückstecken? Oder ist ihm selbst bewusst geworden, dass er umdenken müsse? Jedenfalls: Es kommt zu Verhandlungen. Und die Position, die Rollos Gegner einnehmen, muss wohl wiederum als überraschend bezeichnet werden.

Um die Situation zu verstehen, muss man kurz einen Blick auf die politischen Verhältnisse im damaligen westfränkischen Reich werfen. Die Zeiten des fest gefügten und klar strukturierten Imperiums Kaiser Karls, den wir als den Großen ehren, sind längst vergangen. Nach dem Tod dieses Herrschers im Jahr 814 ist das Reich geteilt worden und im zunehmend wirren Kräftespiel der späten Karolingerzeit entbrennen immer wieder Machtkämpfe um die Nachfolge. So geschieht es im späten 9. Jh., dass Karl III. (geb. 879, gest. 929) auf den westfränkischen Thron gelangt. Bereits 893 wird er zum König erhoben, aber erst 898 allgemein anerkannt. Er verkörpert das Ende der berühmten Herrscherlinie, die sich vom großen Karl herleitet. Sein Beiname („*Simplex*") wird meist als „der Einfältige" übersetzt, das Wort kann aber auch „schlicht" oder „gradlinig" bedeuten. Man möchte vermuten: Ein Beispiel dafür, wie wenig in der Politik – und ebenso in der Geschichtsschreibung – unauffällige Qualitäten von der eigenen Zeit und von der Nachwelt honoriert werden. Nur allzu oft gehört die Neigung der Völker und auch der Historiker den „großen Taten", den „großen Tätern" und den „großen Reichen".

Eine Position herrscherlicher Stärke hat König Karl wirklich nicht behaupten können, wenn auch unter seiner Regierung die Zusammenführung seines Gebietes mit dem alten lothringischen Teilreich gelungen ist. Und darüber hinaus kommt zumindest jene eine politische Entscheidung zustande, die allem Anschein nach eine wichtige stabilisierende Wirkung mit sich gebracht und die in jedem Fall weitreichende Folgen gehabt hat: Damit sind wir bei der oben erwähnten Einigung des Jahres 911 mit dem Wikingerführer Rollo. Und was diesem angeboten wird, ist nicht wenig, sodass er, offenbar rasch entschlossen, zugegriffen hat. Es mag ja tatsächlich sein, dass sich zu jener Zeit für jeden, der sehen kann, abzuzeichnen beginnt, dass die Epoche zu Ende geht, in der die Wikinger mit ungebundener Stärke tun und lassen konnten, was ihnen beliebte. Ob sich denn also der „*War Lord*" Rollo dessen bewusst geworden ist?

In dem Abkommen, das unter König Karl mit ihm getroffen wird, erhält der Wikinger nichts Geringeres als die Herrschaft über das Gebiet um Rouen am Unterlauf der Seine; es wird auch als „Grafschaft Rouen" bezeichnet. Mit dem Lehens-Vertrag ist ein Verhältnis gegenseitiger Verpflichtung begründet: Der Empfangende bekommt ein Territorium zu Beherrschung und Nutzung übertragen, dafür schuldet er dem Geber Gefolgschaftstreue und meist noch eine Reihe weiterer, näher festzulegender Leistungen. In diesem Fall dürfte die Absicht des Königs vor allem gewesen sein, endgültig jene Unruhe zu beenden, die mit den räuberischen Zügen der Wikinger verbunden war, denn Rollo hat nun die Aufgabe – und auch seinerseits ein fundiertes Interesse – weitere beutelustige Eindringlinge fernzuhalten. Diese Rechnung ist offenbar aufgegangen. So begeben sich die Nachkommen der wilden Raubgesellen förmlich in den Staatsverband des westfränkischen Königreichs, sind fortan eingebunden, werden sesshaft und zeigen, wie es scheint, auch sonst eine grundlegend veränderte Haltung. Die wilde Zeit des wikingischen Übermutes ist offiziell vorüber. Allerdings: Ein paar Züge des früheren Wesens gehen keineswegs verloren, wie wir noch zur Genüge sehen werden.

Rollo begründet eine Dynastie (die „Rolloniden"), aus der auch Wilhelm „der Eroberer" hervorgehen wird. Die Männer, die sich mit ihrem früheren „Räuberhauptmann" an der Küste des Ärmelkanals niederlassen, sind, wie man durch Namensforschung ergründet hat, **zum großen Teil aus Dänemark gekommen, einige aber wohl auch aus Norwegen, unter diesen ist anscheinend Rollo selbst.** Die vorherige Oberschicht des zugeteilten Gebietes wird offenbar durch die neuen Herren ersetzt. Die Frauen, mit denen die „Siedler" Familien gründen, dürften sie zumeist aus der „bodenständigen" Bevölkerung genommen haben, die man als gallisch-römisch-fränkisch bezeichnen kann. So kommen recht unterschiedliche Erbanlagen zusammen und diese haben einen neuen, wie wir sehen werden, äußerst „lebenstüchtigen" Volkscharakter hervorgebracht.

Der Schritt zum Vasallenstatus dürfte Rollo umso leichter gefallen sein, als ihm seine neue Position – typisch für die Machtstrukturen, in die er sich hinein begeben hat – viele Freiheiten, ja in mancher Hinsicht einen fast unabhängigen Zustand belässt. So kann sich später auf dieser Basis das Herzogtum der Normandie entwickeln, während aus dem Königreich Karls III. jenes Staatsgebilde hervorgeht, das wir nun – ungefähr von jener Zeit an – mit dem Namen „Frankreich" bezeichnen: Bald eine der großen Monarchien des mittelalterlichen Abendlandes! Karl III. allerdings wird ein Opfer neuer Machtkämpfe. Verdrängt und abgesetzt beendet dieser Spross des karolingischen Herrscherhauses seine Tage hinter Kerkermauern.

Herzöge aus dem Haus der „Rolloniden"

Bei dieser Liste handelt es sich um eine Erbfolge vom Vater auf den Sohn, ausgenommen bei Robert I. und Heinrich I. (Brüder) und Stephan (Neffe des Vorgängers).

Rollo (*Hrólf*), reg. 911–931/32
erhält das Land um Rouen vom westfränkischen König Karl III.

Wilhelm I. „*Langaspjót*" (Langschwert), reg. 931/32–942

Richard I. „*Sans-Peur*" (der Furchtlose), reg. 942–996
nimmt Partei für das Königshaus der Kapetinger.

Richard II. „*le Bon*" (der Gute), reg. 996–1026

Richard III., reg. 1026–1027

Robert I. „*le Magnifique*" (der Prächtige), reg. 1027–1035
hinterlässt bei seinem Tod das Herzogtum seinem unehelichen und unmündigen Sohn Wilhelm.

Wilhelm II. „*le Bâtard*" (der Bastard) / „*le Conquérant*" (der Eroberer), reg. 1035–1087
kann nach schweren Kämpfen seine Herrschaft im Herzogtum konsolidieren, 1066 auch König von England. Von nun an wird grundsätzlich (d.h. mit Ausnahmen) die Normandie in Personalunion mit dem Inselreich regiert. (Wilhelms „Porträt" auf S. 43 ff.)

Robert II. „*Courteheuse*" (Kurzhose), reg. 1087–1106
ist gleich die erste Ausnahme: Der älteste Sohn Wilhelms „des Eroberers", Rebell gegen seinen Vater, bleibt (zugunsten von Wilhelm II. „Rufus") von der englischen Thronfolge ausgeschlossen, wird aber Herzog der Normandie; unterliegt 1106 im Kampf um die Krone von England seinem Bruder Heinrich I.

Heinrich I. „*Beauclerc*" (etwa: „Schöngeist" – wegen seiner Gelehrsamkeit), reg. 1106–1135
stellt die von Wilhelm „dem Eroberer" begründete Personalunion wieder her. Von hier an betrachten wir die Herrschaft der Normandie im Rahmen der englischen Erbfolge (S. 116 f.).

Wenn Abenteurer sesshaft werden

Es gibt „Hohe Herren", mit denen schwer umzugehen ist, aber dasselbe kann auch für Gefolgsleute gelten. Die Entwicklung der Normandie unter Rollo und seinen Nachfolgern vollzieht sich, so könnte man sagen, in lockerer Anbindung an die Krone von Frankreich. Nominell sind die Fürsten der Rollo-Dynastie als Lehensträger von ihrem König abhängig, aber in der Praxis lassen sie sich nicht gern Vorschriften machen. Ab wann sie eigentlich offiziell den Titel Herzöge führen, ist übrigens nicht klar. Für ihren Begründer selbst und seinen Sohn ist das offenbar noch nicht der Fall, obwohl spätere Chronisten im Rückblick die Bezeichnung anwenden. Richard I. erscheint in Urkunden als Graf, Markgraf und Fürst der Wikinger, aber auch bereits als „*Dux*" (Herzog). Für Richard II. scheint dieser Titel dann bereits üblich zu sein (1006). Die Kanzlei der französischen Könige zieht es freilich noch lange vor, in offiziellen Urkunden bei der Bezeichnung „Graf" zu bleiben.

Was Regierungsform und Lebensführung angeht, sollten wir uns nicht vorstellen, dass die neu angesiedelten Wikinger augenblicklich ihren Charakter gewechselt hätten. Aus der Zeit von Richard „Langschwert" hört man sogar noch von Raubzügen. Andererseits beginnt wohl recht bald ein Prozess der „Frankisierung". Das drückt sich vor allem darin aus, dass die Normannen sich innerhalb weniger Generationen alles das aneignen, was ihnen an französischer Kultur in den Kram passt; vor allem wechseln sie zur französischen Sprache, sodass sie wohl im Jahr 1066 von vielen Angelsachsen als Franzosen bezeichnet und in jedem Fall als solche angesehen werden. Dabei scheint es immer wieder neue Wellen der Einwanderung gegeben zu haben, indem weitere Siedlergruppen aus dem Bereich Skandinaviens oder auch „Nordleute", die in England oder anderswo sesshaft geworden sind, in das aufstrebende neue Herzogtum nachkommen und „assimiliert" werden.

Expansionsgelüste

Eine Eigenschaft hat die Normannen – bei diesem Namen, der sie von der wikingischen Herkunft abgrenzt, wollen wir von nun an bleiben – ganz zweifellos für lange Zeit zu „schwierigen" Nachbarn gemacht; man könnte sie als eine Form von „Ellenbogenmentalität" bezeichnen. Sie streben danach, sich eine Position der Stärke aufzubauen, und diese nutzen sie gerne aus, wenn sich ihnen die Gelegenheit bietet, Druck auf andere auszuüben und ihren eigenen Machtbereich zu erweitern. Kurz gesagt: Die Normannen erweisen sich als unbarmherzige „Expansionisten" mit starkem Angriffsgeist (Abb. 5). Das ihnen ursprünglich zugewiesene Territorium in der Gegend von Rouen ist verhältnismäßig klein, ja bescheiden. Aber es ist nicht normannische Art, sich mit solchen Gegebenheiten zufrieden zu geben. So kommen Schritt für Schritt weitere Territorien hinzu. Die „Haute Normandie" (Obere Normandie) wird um das Gebiet der „Basse Normandie" (Untere Normandie) erweitert. Zwei Bereiche, zwischen denen es zeitweise zu beträchtlichen Spannungen kommt. Im Einzelnen handelt es sich u.a. um das Bessin (die Gegend um Bayeux) im Jahr 924 und das Hiémois (die Gegend um Falaise) 933. Das ist bereits unter Wilhelm I. Fakt. Außerdem kommen zu diesem Gebiet das Cotentin (die Gegend um Coutances) und das Avranchin (die Gegend um Avranches). Einerseits geht es bei dieser Politik um eine Machtprobe gegenüber Frankreich und andererseits müssen die neuen „Nachzügler" aus Skandinavien integriert werden. Wilhelm I. gelingt dieses letztere Kunststück durch Heirat mit Gunnor, der Tochter eines norwegischen Fürsten. Der Schachzug erweist sich als so wirksam, dass R. A. Brown von einer „zweiten Gründung des zukünftigen Herzogtums" sprechen kann.* Die aggressive Außenpolitik der Rolloniden erinnert an das Vorgehen, das im 20. Jh. als „Salami-Taktik" charakterisiert worden ist: ein Stück nach dem anderen. Diese Linie lässt sich bis zu Wilhelm „dem Eroberer" verfolgen, der in den Jahren 1051/1052 Alençon, Domfront und das Passais hinzugewinnt. Aber so weit sind wir an dieser Stelle noch nicht.

Auch im Inneren ist das Herzogtum – auch hier wollen wir von nun an bei dieser Bezeichnung bleiben – durchaus nicht ohne Spannungen. Es gibt Gruppenbildung und Rangfolgekämpfe, die stets im Auge behalten werden müssen, wenn die Regierungsautorität sich behaupten soll. Auch hierfür wird die Zeit Wilhelms „des Eroberers" typisch sein, besonders in den ersten Jahren, der Phase seiner Unmündigkeit.

Abb. 5
Kampfeslustige Expansionisten?
Normannischer Ritter im Angriff.

Ein straffes Regiment

Der Machtapparat der Herzöge setzt sich durch und es bildet sich in der Normandie trotz mancher Gegenkräfte und Irritationen eine feste und straff organisierte Herrschafts- und Gesellschaftsstruktur. Die entscheidenden Faktoren dieser Entwicklung finden sich am treffendsten bei Brown zusammengefasst, dessen Studien ich in dieser Hinsicht nach wie vor für wegweisend halte. Dominierend sind zwei Gruppen, auf die sich das Herzogtum stützt: die Kirche und der Adel, beide drastisch abgesetzt gegen „das Volk", welches in erster Linie aus Bauern und erst ansatzweise aus städtischem Bürgertum besteht. Diese Voraussetzungen sind in der Lebenswelt des Mittelalters so gut wie selbstverständlich. Dennoch gibt es in der Normandie ein paar Züge des Systems, die besondere Erwähnung verdienen. Da ist beispielsweise die ausgesprochen enge und deutlich zweckgerichtete Verbindung von Politik und Religion, die sich gleich in mehreren Formen zeigt: Förderung von Klöstern und anderen kirchlichen Institutionen durch das Herzogshaus gehört dazu, ebenso wie stabile familiäre Verknüpfungen und die hervorgehobene Rolle einzelner Personen aus dem Klerus bei Hofe, schließlich auch die Bedeutung, die man den Kontakten zum Papsttum zumisst. Bei solchen Voraussetzungen ist es nicht verwunderlich, dass die zentrale Dominanz kirchlicher Belange umgekehrt auch zur Instrumentalisierung der Geistlichkeit und ihrer Wirkungsmacht führt, indem religiöse Prinzipien und Strukturen ohne Bedenken benutzt werden, um politische Ziele zu erreichen. Denken wir nur an die Bedeutung, welche Wilhelm „der Eroberer" einer päpstlichen Parteinahme im Konflikt um die englische Krone beimessen wird (S. 57)! Und dann: Wie klar gerade dieser Herzog den Zusammenhang zwischen geistlichen Stiftungen und der Erreichung persönlicher Ziele vor Augen hat, zeigt das Vorgehen bei der Kontroverse um seine (nicht zuletzt politisch motivierte) Eheschließung (S. 46). Übrigens: Einer der wichtigsten Historiographen, die uns Berichte über die Ereignisse von 1066 liefern, ist zugleich Geistlicher am Herzogshof. Die Formulierung von Ansprüchen ebenso wie die Selbstdarstellung des Herrschers sowohl für die eigene Zeit als auch für die Nachwelt sind auf diese Weise klar in das Netz klerikaler Verbindungen eingebettet.

Und schließlich darf in diesem Zusammenhang ein weiterer Gesichtspunkt keinesfalls unterschätzt werden, mit dem wir uns noch befassen müssen: Die neuen Entwicklungen in der sakralen Baukunst (S. 111), die aus der Normandie wichtige Impulse erhalten, unterstreichen deutlich sichtbar, mit welchem Nachdruck im Herzogtum Wilhelms „des Eroberers" und später auch in seinem Königreich die religiöse Sphäre mit dem herrscherlichen Handeln bzw. mit dem Verwaltungsapparat und dadurch mit allen gesellschaftlichen und kulturellen Lebensbedingungen verbunden ist.

Den zweiten Pfeiler herzoglicher Macht bildet – auch dies keineswegs überraschend – die Aristokratie. Diese Führungsschicht ritterlicher Prägung beansprucht in der Normandie traditionell gewisse Freiheiten. In den entscheidenden Punkten und vor allem bei der

Gefolgschaftstreue im Krieg zeigt sich aber eine grundsätzliche Loyalität des Adels zum Herzogshaus. Das verhindert freilich nicht, dass es immer wieder zu Rivalitäten und Positionskämpfen, zu Aufbegehren und sogar zu tatsächlichen Rebellionen käme. Auch in dieser Hinsicht werden wir gerade an der Lebensgeschichte Wilhelms des Eroberers und ganz besonders bei Betrachtung seiner frühen Jahre ein drastisches Bild zu sehen bekommen (S. 44). Die Herren geben nicht gerne den eigenen Willen und die eigenen Ambitionen auf. Dennoch: Als es darauf ankommt, stehen sie ihrem Herzog zu Gebot und dieser versteht es, ihnen klar zu machen, dass er ihnen den Weg zu Beute, Ruhm und Aufstieg bietet.

Was ist „Normannitas"?

Gewiss, es ist ein heikles Unterfangen, wenn man so etwas wie einen Volks- oder Nationalcharakter postulieren will. Allzu viel Wunschdenken, Klischeehaftigkeit und Parteinahme treten bei solchen Versuchen zutage. Dennoch gibt es bisweilen Wesenszüge, die so wesentlich zu sein scheinen, dass sie aufs Ganze gesehen als typisch gelten können. Im Falle der Normannen werden einige solcher Eigenschaften immer wieder genannt und nicht selten sogar für die Grundlage ihrer unbestreitbaren Erfolge gehalten. So kommt der Begriff „Normannitas" zu Stande, welcher gleichwohl problematisch bleibt und sicher manchen Beobachter zu dem Stoßseufzer veranlasst, das Phänomen sei wohl vorhanden, aber leider schwer zu fassen. Lassen wir einmal ein paar jener Wesenszüge Revue passieren, die in diesem Zusammenhang erwähnt werden: Zielstrebigkeit und Willenskraft gehören dazu. In positiver Auslegung heißt das dann: Energie oder Durchsetzungskraft; negativ ausgedrückt nennt es sich eher: Rücksichtslosigkeit und Gewaltbereitschaft. Was ein Normanne sich in den Kopf gesetzt hat, so empfindet es die Umwelt, das lässt er sich nicht ausreden, und wenn man mit ihm in einen Interessenkonflikt gerät, tut man gut daran, wirksam gerüstet zu sein. Gleich noch ein paar Gemeinplätze? Normannen, so scheint es, lassen sich eher als andere auf gewagte Unternehmungen ein, nicht zuletzt aus großem Selbstvertrauen bzw. wegen der hohen Meinung, die sie von ihrer eigenen Stärke haben. Man kann das Kühnheit nennen oder auch für blinden Wagemut halten. Jedenfalls ist es eine Eigenschaft, die oft zu erstaunlichen Leistungen führt, andererseits aber auch in einer Katastrophe enden kann. Sodann wird diesem Menschenschlag eine gewisse nüchtern abwägende und durchaus pragmatische Unvoreingenommenheit nachgesagt, ein kühl kalkulierender und illusionsloser Verstand; eine solche Haltung macht die Entscheidung für unkonventionelle Lösungen leichter und ermöglicht zielbewusst zupackendes Handeln. Dazu kommt auch die Fähigkeit, günstige Gelegenheiten rasch zu erkennen und abzusehen, welche Möglichkeiten sie bieten, ebenso wie die Geistesgegenwart und Entschlusskraft, eine solche Gelegenheit unverzüglich wahrzunehmen. Das Ergebnis solcher Verhaltensweisen verursacht bei anderen manchmal Staunen oder Verblüffung. In der Terminologie der klassischen Emblematik heißt das: „*Fortuna* (das Glück) ergreift *Occasio* (die Gelegenheit)". Oder als populäre Redensart: „Das Glück hilft dem Tüchtigen". Keine

Frage, dass man sich durch solche Eigenschaften bei Konkurrenten nicht gerade beliebt macht!

Ist all das zusammengenommen „Normannitas"? Vielleicht. Etwas Neid mag bei solcher Einschätzung auch mit im Spiel sein. Und wohl auch ein gewisses Quantum durchaus angebrachter Vorsicht …

Aufbruch zu neuen Ufern

Nach einigen Generationen Sesshaftigkeit auf fränkischem Boden hat sich die normannische Herrschaft im Norden Frankreichs weit genug gefestigt, dass dem Land echte Heimatgefühle entgegengebracht werden. Die Normannen haben sich akklimatisiert, obwohl es auch weiterhin sowohl zu inneren als auch zu äußeren Spannungen kommt, und sie sind so entschieden mit der Sprache und den Lebensbedingungen des Königreichs verwachsen, dass es gelegentlich heißt, sie seien „französischer als die Franzosen".

Dennoch lebt in manchen von ihnen immer noch etwas von der Unruhe und vom Wandertrieb früherer Zeiten. So kommt es wohl, dass einige von ihnen aufs Neue von Unternehmungslust gepackt werden und sich in der Welt umschauen, ob es nicht neue Gelegenheiten gebe – für ungeahnte Perspektiven und große Taten.

So reift fast in derselben Zeit wie der Plan zur Eroberung Englands auch eine andere Idee, deren Kühnheit, ja Waghalsigkeit man als „typisch normannisch" bezeichnen mag. Die Chance zu einem neuen „großen Wurf" bietet sich im Mittelmeer: Der Süden Italiens steht unter dem Einfluss des Byzantinischen Kaiserreichs, das aus dem östlichen Teil des römischen Imperiums hervorgegangen ist; sein Zentrum in der alten Kapitale Konstantinopel („Ostrom") hat und einen großen Teil des Mittelmeers beherrscht. Dieses Reich ist griechisch-orthodoxen Glaubens. Die große Insel Sizilien ist weitgehend in Hand der muslimischen Mauren, die sich auch auf dem Festland Italiens festgesetzt haben. Beide Mächte, Mauren und Byzantiner, bedrängen die Stellung von Rom und der Papst sowie auch die deutschen Kaiser sehen sich durch diese Gegner herausgefordert. Außerdem sind die ursprünglich germanischen und später vor allem im Norden Italiens verwurzelten Langobarden (Lombarden) auch im Süden sesshaft geworden. So ergibt sich im „Mezzogiorno" ein unübersichtliches Mächtespiel mit wechselnden Positionen, das auch für weitere Teilnehmer günstige Aussichten bietet. Für unternehmungslustige und durchsetzungsfähige Streiter ein höchst verlockendes Betätigungsfeld!

So kommt es, dass erst eine kleine Gruppe und bald schon eine größere Anzahl normannischer Ritter den Entschluss fasst, sich dem „Schauplatz Mittelmeer" zuzuwenden. Besonders ist es die Adelsfamilie des Tankred von Hauteville von der Halbinsel Cotentin, die sich bei diesem Unternehmen hervortut, aber sie steht mit ihren Ambitionen keineswegs allein. Es wird sich in diesem Bereich eine für das ganze Abendland bedeutsame Entwicklung ergeben. Bestimmt wird sie von hoch aktiven normannischen Kämpfernaturen wie Robert „Guiskard" (um 1015–1085) und Roger (1031–1101), zweien der Söhne des Tankred von Hauteville; der eine steigt zum Herzog von Apulien und Kalabrien auf, der andere erringt sogar die Herrschaft über Sizilien. So wird es zur Gründung eines normannisch-sizilianischen Königreiches kommen, das vor allem unter Roger II. (1095–1154) eine Zeit kultureller Blüte erlebt und wo sich eine ungewöhnliche religiös-gesellschaftliche Koexistenz von Christen, Juden und Muslimen entwickelt. Noch weiter ausgreifen wird Bohemund von Tarent (1051/52–1111), auch er aus dem Geschlecht derer von Hauteville, der 1096 als einer der Anführer des Ersten Kreuzzugs hervortritt und 1098 zum Fürsten von Antiochia im Vorderen Orient aufsteigt. Schließlich entsteht auf der Grundlage des normannischen Königreichs Sizilien und seiner Verbindung zum deutschen Reich die weit gespannte Herrschaft Kaiser Friedrichs II., der nicht nur durch seinen Vater Heinrich VI. von staufischer, sondern durch seine Mutter Konstanze von Sizilien auch von normannischer Abstammung ist. Aber – wie heißt es doch? – Das ist eine andere Geschichte ...

> *„Gute Gründe, über den Kanal zu blicken, kamen zu den natürlichen Bestrebungen kriegerischer Männer hinzu."*
> Winston S. Churchill[*]

Der Blick nach England

Im grünen Land der Normandie wird in jenen Tagen manches Mal ein blonder oder rothaariger Mann an der Küste gestanden und auf das Meer hinaus geblickt haben. Besonders vielleicht gegen Abend, wenn die Sonne sich zum Horizont neigt, der Wind vom Land her einsetzt und die Gedanken in die Weite schweiften. Noch heute kann man diesen „meergerichteten" Blick beobachten, wenn man beispielsweise in Honfleur vor der pittoresken Kulisse des alten Hafens die Haltung und die Gesichter der hier beheimateten „Männer vom Meer" anschaut.

Wenn damals einer Seemann oder Fischer ist, weiß er genau, dass irgendwo da drüben die englische Küste liegt, und er mag daran denken, dass seine Ahnen, die vor gar nicht so langer Zeit ein ungebunden schweifendes Räuberleben führten, gerade jenes Land immer wieder zum Ziel ihrer Fahrten genommen haben. Und da kann es gut sein, dass sich „angestammte" Wünsche regen. Mehr als einer dieser Nachfahren mag insgeheim den alten Zeiten nachgetrauert und die eher sesshafte Lebensweise in der neuen Heimat nicht ganz so befriedigend gefunden haben.

Gerade auch in der Führungsschicht der Normandie dürfte in jener Zeit der Gedanke an Britannien immer präsent sein. Schließlich gelangen immer wieder Nachrichten von Unruhe und Bedrängnis auf den Kontinent. Und mancher hat Verwandtschaft auf der „anderen Seite". Dann kommt sogar ein König, der drüben seinen Thron verloren hat, und sucht Schutz und Gastrecht beim normannischen Herzog, der sein Schwager ist. Andere „Exilanten" folgen ihm. Und man hört: Der König von Dänemark hat den englischen Thron an sich gerissen. Wikinger bedrängen aufs Neue die Küsten des Inselreichs. Und mehr als einer, vom Pferdeknecht und Knappen bis zum Ritter und zum Herzog selbst, wird gedacht haben: Wie wäre es denn, wenn auch ich dort meinen Handschuh in die Arena werfen würde?

Vermutlich ist das einer der Gründe, weshalb Herzog Wilhelm keine großen Schwierigkeiten hat, Gefolgschaft zu finden, als er beschließt, für seinen Feldzug gegen das Inselreich eine Armee zu sammeln.

Ehe wir nun jedoch weiter betrachten, wie von normannischer Seite die Ambitionen zur Eroberung Englands entstehen und welche dramatischen Ereignisse sich daraus ergeben, müssen wir erst einmal unser Augenmerk auf die Geschichte jenes Inselreiches richten, das zu dem Zeitpunkt, als die Wikinger zum ersten Mal auf der „politischen Bühne" des Abendlandes erscheinen, bereits eine lange Entwicklung hinter sich hat und dabei durch manche Schwierigkeiten hindurchgegangen ist.

Um die Krone von England

Ich erinnere mich noch gut an mein erstes Schulbuch im Fach Englisch. Es war mit dem Ehrgeiz gestaltet, nicht nur die Sprache zu vermitteln, sondern auch etwas vom Wesen des Landes und seiner Geschichte. Und so gab es dort eine Abfolge von Kapiteln, die immer wieder denselben Duktus boten: *„The Coming of the Romans"*, *„The Coming of the Saxons"*, *„The Coming of the Normans"*. Hier ging es jedes Mal um die Ankunft neuer Völkerschaften, die über das Meer an die Küste Britanniens gelangten, das Land eroberten und ihm den Stempel ihrer Lebensform aufdrückten. Derart historisch betrachtet bleibt also nicht viel übrig vom Leitbild der *„splendid isolation"*, der selbstbewussten „glänzenden" Abgesondertheit eines Inselreiches, das ringsum vom Wasser geschützt ist wie durch einen unüberwindlichen Burggraben. Vielmehr ist das Wesen Großbritanniens durch eine Folge von Invasionen entstanden. Und das ist im Grunde wohl durchaus eine Stärke: Es hat sich durch neue Impulse fortentwickelt und gerade durch sie hat es seine reiche Vielschichtigkeit gewonnen …

Ein Inselreich, aber nicht isoliert

Also: Die Römer waren keineswegs die ersten, die auf die Insel kamen, die übrigens erst seit etwa 8.000 v. Chr. tatsächlich allseits von Wasser umgeben ist. Zuvor gab es eine wohl keltische „Urbevölkerung", die ihrerseits nach der letzten Eiszeit eingewandert sein muss. Eine erste Landung römischer Truppen erfolgte unter Julius Caesar in den Jahren 55 und 54 v. Chr. Die eigentliche Eroberung begann jedoch erst 43 n. Chr. unter der Regierung von Kaiser Claudius. Nun war Britannien in aller Form in das Imperium Romanum einbezogen und das bedeutet, dass hier auch jene Strukturen entstanden, die für dieses Reich und seine Zivilisation so kennzeichnend waren: militärische Stützpunkte und effiziente Provinzial-Verwaltung, Städtegründungen, Straßenbau und alles, was den Römern das Leben lebenswert machte: Häuser und Villen mit Warmluftheizung und Mosaikfußböden, Tempel, Theater und Arenen sowie eine umfangreiche Produktion von Luxus- und Gebrauchsgegenständen. Alles Dinge, von denen sich viele Überreste erhalten haben. Im Norden freilich blieben umfangreiche Gebiete unbesetzt (Schottland), und als der Höhepunkt römischer Welteroberung überschritten war, wurden dort Verteidigungsmauern (Hadrianswall) errichtet, um den „Status Quo" zu sichern.

Aber solche Versuche sind in der Geschichte immer aufs Neue gescheitert. Mit dem Verfall der „Universalmacht" Rom wurden immer mehr Außenposten und Randgebiete „unhaltbar", und so zog sich im 4. Jh. die imperiale Armee aus Britannien zurück. Andererseits ist ein großer Teil der römischen oder „romanisierten" Bevölkerung auf der Insel geblieben und auch viele Strukturen des römischen Lebens waren weiterhin intakt. So kam es, dass sich die Bewohner mancher Bereiche der Provinz nach militärischen Kräften umsahen, die ihren Schutz übernehmen konnten, und offenbar sind auf diese Art bereits früh zahlreiche Sachsen auf die Insel gekommen, nämlich als angeworbene Söldner. Dennoch wurde die Situation zunehmend schwierig. Zwangsläufig löste sich der Zusammenhalt der Provinz auf und das Land zerfiel in kleinteilige Herrschaftsbereiche, die sich gegenseitig zu bekriegen begannen. Insgesamt entstand das, was wir ein „Machtvakuum" nennen, und so etwas hat selten in der Geschichte längeren Bestand.*

Herrschaft der Angeln und Sachsen

Etwa Mitte des 5. Jhs. kommen neue Völkerschaften in wachsender Stärke vom Festland auf die Insel. Vor allem sind es neben weiteren Sachsen die Stämme der Angeln, Friesen und Jüten, deren Gebiete an den Küsten rings um die Nordsee liegen und die des Seefahrens kundig sind, sodass es für sie kein Problem darstellt, über das Meer nach Britannien zu gelangen. Vermutlich sind sie zuerst als Erkundungstrupps und wohl auch zu räuberischen Streifzügen unterwegs – wie später die Wikinger – aber bald schon kommen sie in größeren Scharen und mit der Absicht, sich niederzulassen und zu bleiben. Es ist ein Teil jener großen Aufbrüche und Siedlungsbewegungen, die sich aus dem Zusammenbruch des Römerreiches ergeben und die wir als „Völkerwanderung" zusammenfassen. Gerne genannt werden die beiden Kriegerfürsten Hengest und Horsa, die aber vielleicht nur legendäre Gestalten sind.

Von nun an sprechen wir von angelsächsischen Herrschaftsgebieten in England und damit sind zunächst sieben verhältnismäßig kleine Königreiche gemeint, die sich in festerer Form herauskristallisieren: Kent (als Gründung der Jüten), Sussex, Essex, Wessex (südliche, östliche und westliche Gründungen der Sachsen, wie schon die Namen zum Ausdruck bringen), East-Anglia, Mercia und Northumbria (als Gründungen der Angeln). Von diesem Gefüge ausgeschlossen bleiben zunächst der äußerste Westen des Landes (Cornwall und Wales) sowie der Norden (Schottland). Bis sich dieser Zustand verfestigt, werden allerdings heftige Kämpfe ausgefochten, immer wieder gibt es Gegeneinander, Blutvergießen, Sieg und Niederlage, Behauptung oder Unterwerfung. Darüber geht viel Zeit ins Land und wir haben nun etwa das Ende des 7. Jhs. erreicht.

Zugleich zeichnet sich eine andere Bewegung ab, nämlich die der Christianisierung der Völker auf englischem Boden. Papst Gregor d. Gr. (reg. 590–604) entsendet den Benediktinermönch Augustinus, der um das Jahr 600 lebt, um die Missionierung der Angelsachsen in Gang zu bringen. In diesem Zusammenhang soll der Satz gefallen sein: „Non angli sed angeli!" (diese Menschen seien „nicht Angeln, sondern Engel!"). Schon damals wird der Grundstein gelegt für die Bedeutung von Canterbury – weit über Kent hinaus und bald schon als kirchliches Zentrum für ganz England. Allerdings vollzieht sich auch die Missionsarbeit nicht ohne Spannungen. Denn gegen das Vordringen des Christentums römischer Prägung steht die irisch-schottische Mission, die vom Nordosten her betrieben wird, und zwischen diesen Glaubensrichtungen gibt es mancherlei Differenzen.

Gegen Ende des 9. Jhs. kann die Christianisierung Englands als abgeschlossen gelten – zumindest oberflächlich, denn im Volksglauben leben zahlreiche ältere Vorstellungen weiter und manche haben sich – wie bei uns selbst auch – bis auf den heutigen Tag erhalten. Insgesamt lässt sich jedoch „auf den Inseln" eine wahre Blüte christlichen Lebens erkennen: Die klösterliche Kultur erreicht einen Höhepunkt ihrer Bedeutung. Beispielsweise bringt die christliche Gelehrsamkeit Persönlichkeiten wie Beda (672/3–735) hervor, dem man den Beinamen „Venerabilis" (der Verehrungswürdige) gibt; es entstehen Heilige Bücher mit kostbarem Schmuck wie das Book of Lindisfarne (um 700) oder das Book of Kells (wohl um 800). Das germanische Heerkönigtum erhält durch die christliche Salbung eine neue Bedeutung und überall im Land entstehen zahlreiche Kirchenbauten.

Während sich die angelsächsischen Gemeinwesen etablieren, bahnen sich neue Vorstöße gegen die Insel an, und – wie nicht anders zu erwarten – werden die Neuankömmlinge nun von den gerade erst sesshaft Gewordenen als aggressive Invasoren betrachtet.

Alfred d. Gr. und seine Nachfolge

Von den Vorstößen räuberischer Wikinger im 8. Jh. ist bereits die Rede gewesen (S. 10 f.). Ihr Überfall auf das Kloster Lindisfarne im Jahr 793 wird als ein Zeichen betrachtet, welches nach vorausgegangenen kleineren Angriffen den wahren Umfang der Gefahr erkennen lässt. Wir sehen diese Ereignisse nun gewissermaßen von der anderen Seite her. Wie reagieren die angelsächsischen Völker auf die Bedrohung?

Zunächst ist eine wirkungsvolle Abwehr kaum zu leisten, da es keine Flotte gibt, welche die Verteidigung zur See übernehmen könnte. So können die Wikinger mit solcher Stärke landen, dass es ihnen möglich wird, 865 in der Gegend von York einen festen „Brückenkopf" zu schaffen, den sie bald zum Fürstentum Jòrvik ausbauen und von wo aus sie nun massiv das angelsächsische Gebiet unter Druck setzen. 869 dringt ein dänisches Heer in die Themsemündung ein und rückt flussaufwärts vor.

Aber nun tritt König Alfred von Wessex auf und wird zu einer zentralen Figur für die Abwehr der Wikinger – und zugleich zu einer Symbolgestalt für den Weg der angelsächsischen „Kleinreiche" zu einem umfassenden englischen Königtum. Dieser Monarch wird schon kurz nach seinem Tod als „Alfred d. Gr." bezeichnet. Alfred lebt von 848/9 bis 899. Er ist der Sohn und Thronerbe des Königs von Wessex und nimmt bereits zu Lebzeiten seines Vaters den Kampf auf: gegen die Dänen, die auch sein Gebiet erreichen, und auch gegen die Wikinger, die weiter im Norden besonders Mercien bedrängen. Das Kriegsgeschehen verläuft keineswegs immer glücklich für die angelsächsische Seite, aber in den entscheidenden Schlachten gelingt es Alfred und den Seinigen schließlich immer wieder, den Sieg davonzutragen. 871, nach dem Tod seines Vaters, wird Alfred König von Wessex und erobert wenig später (886) London, das sich späterhin zum Vorort des englischen Landes entwickelt. Von dieser Zeit an wird der siegreiche Heerführer auch von den anderen sächsischen Reichen und sogar von Gebieten, die im Machtbereich der Dänen liegen, als König anerkannt. Damit ist ein angelsächsisches Herrschertum begründet, das für beträchtliche Zeit die politische und kulturelle Entwicklung Englands maßgebend bestimmt. Zu Alfreds Verdiensten zählt auch, dass er eine Flotte bauen lässt, die eine wichtige Rolle bei der Verteidigung des Landes übernimmt, und dass er die dezentrale militärische Struktur festigt, indem er das Milizwesen („*fyrd*") stärkt. Auch auf kulturellem Gebiet wirkt er schöpferisch, zum Beispiel dadurch, dass er – zweifellos nach dem Vorbild Kaiser Karls d. Gr. – eine Hofschule ins Leben ruft, die als Stätte der Gelehrsamkeit berühmt wird und wichtige Impulse für die Entwicklung der englischen Sprache gibt.

Die angelsächsische Gesellschaftsform mag im übrigen Abendland als „rückständig" angesehen sein, sie hat aber zum Beispiel ein gut geordnetes Steuersystem. Wir müssen sie uns als stark landwirtschaftlich begründet vorstellen: Bauern, die Ackerbau und Viehzucht betreiben und in kleinen Dorfgemeinschaften leben. Außerdem gibt es geschickte Handwerker wie Zimmerleute oder Grobschmiede, aber auch verfeinerte Kunstformen wie zierlich gestaltete Goldschmiedearbeit gehören zur angelsächsischen Tradition. Wenn man ihre Herkunft und ihre eroberungslustige Vergangenheit betrachtet, sieht man durchaus manche Verwandtschaft mit den Wikingern, denen sie so erbittert im Kampf gegenüberstehen. Nur sind die Angelsachsen gewissermaßen über diese Entwicklungsstufe hinausgewachsen. Städtische Lebensformen bleiben ihnen jedoch eher fremd. Aus meiner Sicht kann übrigens kein Zweifel bestehen, dass viele Wesenszüge und Wertbegriffe der angelsächsischen Welt noch heute im Bewusstsein der englischen „*Countryside*" weiterleben.

Unter den Nachfolgern König Alfreds setzt sich der Abwehrkampf gegen das Eindringen von Wikingern und Dänen fort. Dieser Kampf verläuft mit wechselndem Erfolg. Zeitweilig scheint die Lage der angelsächsischen Monarchie beinahe hoffnungslos und es kommt so weit, dass die Verteidigung nicht mit militärischer Stärke geführt werden kann, sondern der Gegner mit Geldzahlungen abgehalten wird. König Ethelred schließlich setzt seine Hoffnung offenbar auf Hilfe von außen; er heiratet in zweiter Ehe Emma, eine Tochter Herzog Richards I. von der Normandie. Hat er tatsächlich damit gerechnet, dass ihm von dort militärischer Beistand geschickt wird? Vielleicht geht es eher darum, die Unterstützung wikingischer Angreifer zu unterbinden, die bis dahin oft genug in der Normandie eine günstige Ausgangsbasis für ihre Züge gegen England erhalten haben. Auf jeden Fall beschwört Ethelred durch diese Verbindung eine Möglichkeit herauf, die einige Jahrzehnte später zu umwälzenden Ereignissen führen und den angelsächsischen Thron völlig neuen Ansprüchen aussetzen wird.

Englische Könige vor Wilhelm „dem Eroberer"

Als früher *„King of the English"* wird im 9. Jh. Egbert genannt. Unter denen, die als seine Nachfolger verzeichnet sind, ragt ein Name besonders hervor: **Alfred d. Gr.**, der 871–899 regiert. Er hat sich sowohl im Krieg als auch im Frieden bewährt. An seinem Vorbild werden alle späteren angelsächsischen Herrscher gemessen. Wir springen nun aber gleich zu den Königen in der unruhigen Epoche des 10./11. Jhs.:

Ethelred *„the Unready"* (der Unberatene) reg. 978–1013 und 1014–1016
Dieser König flüchtet 1013 vor der Invasion des Dänenkönigs Sven „Gabelbart" ins normannische Exil – zu seinem herzoglichen Schwager. In England regiert der Eroberer, aber es kommt nicht zur Krönung. Ethelred wird zurückgerufen, stirbt aber kurze Zeit später.

Edmund *„Ironside"* (Eisenseite), reg. 1016
Ethelreds ältester Sohn Edmund steht in Rivalität zu Sven Gabelbarts Sohn Knut. Er nimmt den Kampf auf, stirbt aber nach wenigen Monaten.

Knut d. Gr., reg. 1016–1035
Edmunds Gegner kommt nun auf den Thron und vermag seine Herrschaft zu festigen. Energisch und durchaus mit Härte regiert er seine drei Königreiche, denn er ist auch Herr von Norwegen und Dänemark.

Harold I. *„Harefoot"* (Hasenfuß), reg. 1035–1040
Knut hatte als Nachfolger seinen Sohn Hardiknut gewollt, aber dessen Halbbruder Harold setzt sich als König durch. Er regiert mit Hilfe von Earl Godwin. In diese Zeit fällt die Gefangennahme und Ermordung Alfreds, eines Sohnes von Ethelred (s. o.), der aus der Normandie herübergekommen ist, um den Thron seines Vaters zurückzugewinnen.

Hardiknut, reg. 1040–1042
Auch dieser König, der nach dem Tod seines Halbbruders doch noch auf den Thron gelangt, regiert nicht lange. Und wie jener bleibt er nicht in gutem Angedenken. Als er kinderlos stirbt, ergibt sich die Frage, wer aus dem vertriebenen angelsächsischen Königshaus noch zur Verfügung steht.

Edward III. „*the Confessor*" (der Bekenner), reg. 1042–1066
Der letzte noch lebende Sohn Ethelreds wird aus dem normannischen Exil nach England zurückgerufen und damit kommt noch einmal die angestammte Dynastie auf den Thron. Edwards Persönlichkeit ist durch strenge Religiosität bestimmt, und seine mönchhafte Lebensweise lässt absehen, dass der König kinderlos sterben wird. Einige Zeit nach seinem Tode wird er heiliggesprochen.

Harold II., reg. 1066
Mit diesem Mann werden wir uns intensiver beschäftigen müssen (S. 50 ff.). Tatsache ist: Harold Godwinson wird nach dem Tod Edwards „des Bekenners" vom „Witan", dem königlichen Beraterkreis, zum neuen Herrscher ausersehen und nimmt die Krone an – was immer er zuvor beim Herzog der Normandie geschworen haben mag. Von hier an nimmt das Drama der normannischen Eroberung unaufhaltsam seinen Lauf.

> „Es gab drei Prinzipien, auf die Herrschaft gegründet werden konnte: Eroberung, die keine Diskussion zuließ; Erbrecht, das weitgehend respektiert wurde; und Wahl, die eine Art Kompromiss zwischen den beiden anderen Prinzipien darstellte."
> Winston S. Churchill*

Neue Entwicklungen

Im Jahre des Herrn 1013 ist also Sven Gabelbart (Sweyn Forkbeard), König von Dänemark, auf englischem Boden gelandet. Damit stehen wir an jenem Punkt, von dem die weiteren Ereignisse ausgehen und mit dem dieses Buch begonnen hat. Unser „Einstieg" gewissermaßen. Es kann kein Zweifel bestehen: Die Position der angelsächsischen Monarchie in England ist zu dieser Zeit empfindlich geschwächt; sie steht vor neuen Wirren und heftigen Veränderungen, ja sie ist in ihrem Bestand gefährdet.

König Sven drängt gewaltsam vorwärts. Nach kurzer Zeit sind mehrere Provinzen in seiner Hand, Städte werden geplündert. Ein weit entferntes Geschehen, das wir uns dennoch unmittelbar vergegenwärtigen können. Das Leid trifft – wie immer! – vor allem die einfachen Menschen. Modern ausgedrückt: die Zivilbevölkerung. Angriff, Eroberung, Besetzung: für die Menschen, denen dies widerfährt, immer wieder ein verstörend schreckliches

Erlebnis. Historisch betrachtet handelt es sich, wie wir schon gesehen haben, nur um eine von vielen Invasionen, die seit den Zeiten der Römer immer wieder gegen das Inselreich Britannien geführt worden sind. Meist waren es punktuelle Überfälle oder zeitlich begrenzte Raubzüge. Jetzt aber geht es um etwas anderes: eine groß angelegte „Landnahme" wie seinerzeit die der Angeln und Sachsen. Aber nicht Stück für Stück, sondern mit einem Handstreich. Sven will das Ganze, zumal sich Ethelred vorher gegen den dänischen Bevölkerungsteil gestellt hat. Solche Unternehmungen zielen auf bedingungslose Unterwerfung, und wenn sie gelingen, führen sie gänzlich neue politische und gesellschaftliche Bedingungen herbei. Ich hebe dies bewusst hervor – mit Blick bereits auf die Geschehnisse, die 1066 folgen werden ...

Der dänische Angreifer ist so erfolgreich, dass er sich nach kurzer Zeit zum englischen König ausrufen lassen kann. Er setzt zu diesem Zweck, wie es scheint, den „Witan" unter Druck, das beratende Gremium hervorragender Persönlichkeiten, speziell aus Adel und Geistlichkeit, das im Land der Angelsachsen einem König zur Seite steht und ihm bei seinen Entscheidungen hilft (Abb. 6). Dieser „Ältestenrat" kann sich im Falle einer ungeregelten Nachfolgesituation für einen Kandidaten aussprechen, was er offenbar zugunsten Svens getan hat. Zur Krönung kommt es aber nicht.

Abb. 6 Ein angelsächsischer König mit dem „Witan", seinem Beratungsgremium.

Der abgeschlagene Gegner, Ethelred, obgleich in aller Form noch immer englischer König, gibt seine Sache verloren. Man hat ihm den Beinamen „*the unready*" gegeben (wohl aus dem Sächsischen abzuleiten für: „schlecht beraten oder un-beraten", nach anderer Meinung etwa: „der Ungerüstete oder Unbereite"). Darin klingt Geringschätzung, ja Spott mit. Vielleicht etwas zu wenig Respekt vor der Entscheidung, das Land nicht weiter mit Krieg zu überziehen? Jedenfalls hat das Schicksal diesem Monarchen keinen leichten Stand gegönnt. Gewiss: Alles was Alfred d. Gr. verkörpert hat, ist Ethelred nicht. Aber dieser berühmte Vorgänger wird inzwischen als heldenhafter Übervater verehrt. Wer könnte mit ihm konkurrieren? Und hat man vergessen, dass auch er schwere Niederlagen hinnehmen musste? Und dass seine Zeit von nicht enden wollenden blutigen Kriegen erschüttert wurde, ehe es zu einer neuen Festigung kam?

Jedenfalls tritt in diesem ganzen Geschehen eine Unsicherheit zutage, die für die damalige Situation des Inselreichs kennzeichnend ist. Und andererseits ist durch verwandtschaftliche Beziehungen bereits eine Verbindung begründet, die an zukünftige Folgen denken lässt, denn, wie schon gesagt: Ethelreds Gattin, Königin Emma, ist eine Tochter des Normannenherzogs Richard I., eine tatkräftige und wohlhabende Frau, die übrigens nicht zögert, in politische Belange einzugreifen. Wir werden noch sehen, wie massiv sie Einfluss zu nehmen versucht.

Der angelsächsische Adel ist mit Ethelreds Regierung nicht unbedingt zufrieden gewesen und hätte über den Wechsel froh sein können, wäre nicht Sven so gewaltsam aufgetreten. Obwohl er den „Witan" dazu gebracht hat, ihm zum König zu erheben, kommt es nicht zur Krönung. Denn schon im Jahr nach der Landung stirbt dieser Eroberer, sodass – erneut! – eine tiefgreifende Unruhe entsteht. Wie schwer für die Menschen damals ein Regierungswechsel wog, können wir uns heute kaum noch ausmalen. Grundsätzlich sah man Gottes Willen am Werk. Aber weshalb verhängte der Weltenlenker solche Prüfungen? Hatte er beschlossen, seine Kinder zu strafen? Denn Unsicherheit in der Nachfolge zog fast immer heftige Auseinandersetzungen und kriegerische Gräuel nach sich. In dieser prekären Situation wird Ethelred von maßgeblichen Kräften nach England zurückgerufen. Er folgt dieser Aufforderung, stirbt aber nicht lange danach. Die schlimmsten Befürchtungen der Menschen scheinen sich zu erfüllen. Nun beansprucht Svens Sohn Knut (Canute) die englische Krone, aber auch ein anderer macht Rechte geltend: Edmund, Ethelreds Sohn aus erster Ehe, genannt *Ironside* (was wir mit „Eisenseite" oder etwas freier mit „der Eiserne" übersetzen können – wohl wegen seiner Körperkräfte oder seiner Wehrhaftigkeit). Und dieser Kämpe zeigt sich erfolgreich, sodass ihn die Bürger von London auf den Schild heben. Aber auch er stirbt bereits 1016. Nun setzt sich doch noch Svens Sohn Knut durch, gestützt auf den geistlichen und weltlichen Adel, der schließlich nicht nur aus angelsächsischer, sondern teils auch aus dänischer Herkunft stammt. Die Königin-Witwe Emma, die zunächst ins Exil gegangen war und zunächst keinen Erfolg damit hatte, einen ihrer Söhne aus der Ehe mit Ethelred auf den Thron zu bringen, kommt wieder nach England und geht nun mit Knut die Ehe ein, und dem ist offenbar der Rückhalt willkommen, den sie ihm verschaffen kann.

Die Herrschaft Knuts erweist sich als festes Gebäude, gestützt besonders auf seine dänische Gefolgschaft und auch auf führende Kräfte der Geistlichkeit, die sich von Ethelred und seinen Nachkommen und damit von der Herrscherlinie Alfreds d. Gr. abgekehrt hat. Knut schwört aber, im Sinne aller Kräfte des Landes zu regieren. Er verbindet die Regierung über England, dem sich Schottland anschließt mit seinem angestammten Königtum in Dänemark und dem Anspruch auf Norwegen. Eine starke Position, die der Monarch, durchaus mit einiger Härte, behauptet! Jedenfalls wird ihm in der englischen Geschichtsschreibung der Titel „Knut d. Gr." verliehen. Seine Regierungszeit ist lang, wenn man die vorausgegangenen Wirren als Maßstab nimmt. Als er 1035 stirbt, stellt sich freilich bald aufs Neue die Nachfolgefrage, weil seine beiden Söhne Harold „Harefoot" und Hardiknut beide nicht das Format ihres Vaters besitzen, diesen nur um wenige Jahre überleben und ihrerseits kinderlos sterben.

Edward „der Bekenner" – eine stille Zentralfigur

Nun richten einflussreiche Kreise in England ihren Blick wieder auf die alte Dynastie. Denn es gibt noch einen Sohn des längst verstorbenen Ethelred. Dieser letzte Spross des einstmals regierenden Hauses trägt den Namen Edward. Er kommt nach England und wird 1042 zum König gekrönt. Zu den aktiven Betreibern dieser Königserhebung gehört Godwin, Earl von Wessex, eigentlich als ein Vertreter der „dänischen Partei" bekannt, der sich schon unter Knut und nach dessen Tod durch sein entschlossenes, ja rücksichtsloses Handeln eine starke Position aufgebaut hat. So spricht vieles dafür, dass Godwin die treibende Kraft gewesen ist, als 1035/36 Edwards älterer Bruder Alfred, der es gewagt hat, aus dem normannischen Exil nach England zurückzukehren, in seinen Ansprüchen auf die Krone blockiert, gefangengesetzt, geblendet und schließlich ermordet worden ist. Nun wendet sich dieser einflussreiche Adelige also Edward zu und förderte seine Thronerhebung. Offenbar fühlt er sich selbst durch diesen Schritt gestärkt, denn Edward, in „der Fremde" aufgewachsen und ohne breiten Rückhalt in England, ist weder ein auftrumpfender Machtmensch noch militärisch oder als Staatsmann das, was man eine starke Persönlichkeit nennt. Allerdings sollten wir die Durchsetzungskraft dieses Mannes auch nicht zu gering veranschlagen. So bringt er zum Beispiel, kaum auf dem Thron, sehr zielbewusst umfangreiche Vermögenswerte seiner Mutter Emma in seine Hand. Doch eine Eigenschaft hebt ihn von seinen Vorgängern ab: Er ist streng religiös eingestellt und neigt offenbar zu einer christlich-kontemplativen Weltsicht, was sich in dem Beinamen „der Bekenner" ausdrückt und einige Zeit nach seinem Tod zu seiner Heiligsprechung führen wird. Noch einmal sei es vermerkt: Männer, die nicht vordergründig auftrumpfen, werden in unserer Geschichtsschreibung leicht als Schwächlinge abgetan. Viel größerer Respekt – es lohnt sich darüber nachzudenken! – wird den „großen Tätern" gezollt, von denen wir ja in unserem Bericht nun bald mit einigen herausragenden Beispielen Bekanntschaft machen werden. Zunächst aber ist etwas zu beobachten, das ebenfalls nicht selten geschieht: In der Nähe des Throns etabliert sich eine andere Persönlichkeit, ein Helfer oder Berater, bei dem sich bald die eigentliche Macht konzentriert. Und eben dies ist die Rolle Earl Godwins. Vermutlich sieht dieser Mann große Möglichkeiten auf sich und die Seinen zukommen. Schließlich besteht aufgrund der mönchischen Lebensweise Edwards die Aussicht, dass der König kinderlos sterben wird. Andererseits braucht er selbstverständlich eine Königin. Godwin führt ihm seine Tochter Edith zu. Mit ihrer Erhebung zur Gemahlin des Herrschers wird auch die Bedeutung ihres Vaters unterstrichen und sollten sich in der königlichen Ehe Kinder einstellen, werden sie als Godwins Enkel Anspruch auf den Thron haben. Falls es aber nicht so ist, wird sich erneut die Nachfolge-Frage stellen und man kann davon ausgehen, dass dann sein Sohn in einer guten Position sein wird – eben das, was dann auch tatsächlich geschehen ist. Denn die Chancen stehen nicht schlecht: Schließlich ist auch Alfred der Große aus Wessex gekommen, das damals freilich selbst ein Königreich war.

Earl Godwin ist also der eigentlich „starke Mann" in England. Zwar geht seine Rechnung nicht in allem so auf, wie er es sich erhofft – offenbar überschätzt er seine Möglichkeiten, lehnt sich auf und wird vom König für einige Zeit ins Exil geschickt, Königin Edith wird vorübergehend verstoßen. Aber Godwins Sippe gibt nicht auf.

Der Konflikt zwischen dem König und seinen mächtigen Gefolgsleuten hat unter anderem mit einem der größten Probleme in Edwards Regierungszeit zu tun, nämlich seiner Neigung, jene Freunde, die er schon in seiner Jugend während seines Aufenthalts in der Normandie erworben hat, zu sich nach England zu ziehen und als Ratgeber um seinen Thron zu scharen. Edward hat selbst normannisches Denken und normannische Sitten gelernt und nach solchen Grundsätzen möchte er auch sein Königtum strukturieren. Das aber geht gegen die Interessen der angelsächsischen Führungsschicht, die das Herzogtum in Frankreich stets als gefährliche Nachbarschaft im Blick hat, ein Gegenüber, bei dem Reserviertheit, wenn nicht Misstrauen angebracht ist. Godwin unterliegt zwar erst einmal in diesem Konflikt, kann aber schließlich seine beherrschende Stellung zurückgewinnen und wir werden sehen, dass sein Sohn Harold die Tradition der Nähe zum und des Einflusses auf den Thron fortführt. Er wird jenes Ziel erreichen, wenn auch nur für kurze Zeit, das seinem Vater vorgeschwebt haben muss. Dieses Wirken der Familie Godwins ist nachdrücklich als eine „Diktatur unter der Krone" bezeichnet worden – und das von einem Kenner der englischen Geschichte und selbst einem „Insider" politischer Vorgänge: Winston Churchill.*

Im Konflikt um den Kreis der normannischen Vertrauten muss Edward schließlich zurückstecken. Dennoch bleibt die Verbindung über den Kanal erhalten und nicht zuletzt sehen wir sie durch die Formen jenes königlichen Kloster- und Palastkomplexes bestätigt, der nach Edwards Vorstellungen in Westminster entsteht. Die Architektur der großen neuen Abteikirche ist ganz nach den „modernen" Grundsätzen der normannischen Baukunst gestaltet.

Als Edwards Regierung zu Ende geht, macht sich in England, wie zu erwarten ist, von neuem Unruhe breit. Der König, der tatsächlich ohne Kinder stirbt und bald schon als Heiliger verehrt wird, soll kurz vor seinem Tod düstere Prophezeiungen von sich gegeben haben, für das Land die Ankündigung einer Zeit des Schreckens. Hellsichtige Botschaft kommender Ereignisse? Oder nur die überhitzten Fantasien eines Todgeweihten?

*„Innerhalb eines Jahres und eines Tages wird Gott dieses Königreich, das
Er verflucht, in die Hände des Feindes geben, und Teufel werden kommen …
mit Feuer und Schwert und Kriegsverwüstung."*
Aus den König Edward dem Bekenner zugeschriebenen Prophezeiungen[*]

Anno 1066, das „Schicksals-Jahr"

Die Visionen des sterbenden Königs sind es nicht alleine. Mehr noch schürt in diesem Jahr ein kosmisches Schauspiel die Ängste der Menschen: Es erscheint am Himmel ein Stern, der ungewöhnlich hell leuchtet und eine auffällige Strahlung aussendet, die ihn wie ein Schweif begleitet (Abb. 7)! Heute wissen wir, dass es sich um den Halleyschen Kometen handelt, dessen Bahn in gewissen Abständen der Erde nahe kommt. Für das Denken jener Epoche ist es jedoch ein Zeichen des Himmels und aus bitterer Lebenserfahrung ist man gewöhnt, solche Hinweise als böses Omen zu deuten …

Wir sind im Jahr der Entscheidung angelangt. Mag sein, dass es etwas mühsam war, sich die Irrungen, Wirrungen und Konflikte der „Vorgeschichte" – wenn auch in einer kurzen Fassung – vor Augen zu halten, aber nur so können wir verstehen, was nun innerhalb weniger Monate geschieht. Denn von jetzt an überstürzen sich die Ereignisse, und man muss sich Mühe geben, um alles, was gleichzeitig geschieht, im Blick zu behalten …

Die entscheidende Frage

Als Edward der Bekenner aus dem Leben scheidet, ist Earl Godwin seinem König längst vorausgegangen (1053). Aber am Sterbebett sitzt sein Sohn Harold Godwinson. Dieser Mann hat offenbar viele Talente seines Vaters geerbt und sich bereits in jungen Jahren durch beachtliche Leistungen ausgezeichnet. Da er einer der wichtigsten Protagonisten der kommenden Ereignisse sein wird, soll ihm ein eigenes „Porträt" gewidmet werden (S. 43 ff.). Viele einflussreiche Mitglieder der angelsächsischen Oberschicht halten diesen

Abb. 7   1066: Der „unheilverkündende" Stern steht am Himmel.

Mann für den geeigneten Nachfolger auf den Thron, obwohl es da auch noch einen Verwandten Edwards gibt, der seinerseits Rechte anmelden kann, aber der ist gegenwärtig noch zu jung und hat wenig Rückhalt.

Churchill, dessen Texte ich wegen seiner bildhaften Erzählweise schätze, beschreibt die Situation folgendermaßen: „Als Edward auf seinem Sterbelager von einer Zeit des Bösen sprach, die über das Land kommen werde, traf sein hellsichtiges Gemurmel die Zuhörer mit Schrecken. Nur Erzbischof Stigand, der Godwins starker Helfer gewesen war, blieb unbewegt und flüsterte Harold ins Ohr, Alter und Krankheit hätten dem Monarchen den Verstand geraubt. So endete am 5. Januar 1066 die Herrscherlinie der sächsischen Könige."*

Hat Edward der Bekenner in seiner letzten Stunde den Sohn seines „eisernen Kanzlers", der auch ein Bruder der Königin-Witwe ist, zum Nachfolger bestimmt? Harold selbst wird es behaupten und Erzbischof Stigand tritt dafür ein, dass es so sei. Dennoch bleiben Zweifel. Denn wird nicht auch behauptet, in jener Zeit, als Godwin außer Landes war, habe Wilhelm der Bastard, Herzog der Normandie, den König in Westminster besucht und bei dieser Gelegenheit sei ihm und keinem anderen die Krone versprochen worden? Dieser Mann, der als tatkräftig bekannt ist und der immerhin eine entfernte Verwandtschaft geltend machen kann, wird als entschlossener Thronanwärter auftreten. Genau wie Harold müssen wir selbstverständlich auch ihm als dem eigentlichen Hauptakteur der kommenden Auseinandersetzung ein eigenes „Porträt" widmen (S. 50ff.). Aber eines sei schon jetzt gesagt: Gewisse Fragen, die das Verhältnis zwischen diesen beiden Männern betreffen und die für das ganze Geschehen von entscheidender Bedeutung sind, werden wahrscheinlich für immer ungelöst bleiben.

Vier Kandidaten

Aber es wird noch komplizierter! Harold und Wilhelm sind nicht die einzigen, die glauben, bei der Nachfolge König Edwards Rechte einfordern zu können. Einen entschiedenen Griff nach der englischen Krone wagt auch Harald III. „Hardraada" (der Harte), geboren 1015 und seit 1047 König von Norwegen, der seinen Anspruch davon ableitet, dass er ein Verwandter und Nachfolger Knuts d. Gr. ist. Er ist ein kriegsgewohnter Mann, ein Riese von Gestalt, der einige Jahre lang wegen politischer Kämpfe seine Heimat hat verlassen müssen. Er hat während dieser Zeit in Nowgorod als Krieger gedient und war anscheinend später Offizier in der Leibwache („Warägergarde") des Kaisers von Byzanz. Dann ist er nach Norwegen zurückgekehrt und dort auf den Thron gelangt. Jahrelange Auseinandersetzungen mit Sven von Dänemark haben ihn weiter gestählt, sodass er seinen Beinamen wahrhaft verdient haben dürfte.

Ein weiterer schon erwähnter Aspirant auf die Krone wird in diesem von Krieg erfüllten Jahr wenig Beachtung finden, aber genau betrachtet ist eben die Blutlinie des Königs noch nicht ganz zu Ende. Da gibt es Edgar, genannt Aetheling, geboren um 1051, der Ansprüche erheben kann, weil er ein Enkel von Edmund *Ironside* ist, der seinerseits ein Halbbruder Edwards „des Bekenners" war. Sein Vater, Edmunds Sohn, wurde von Knut d. Gr. ins Exil geschickt und vom „Bekenner" samt seiner Familie wieder nach England geholt. Der Exilierte ist kurz darauf gestorben und so bleibt Edgar nun der einzige männliche Verwandte des Königs. Dieser scheint ihn jedoch nicht als seinen Erben protegiert zu haben, und da er noch jung an Jahren ist, wie es heißt auch kränklich, und da man absehen kann, dass sich bald zwei ausländische Potentaten mit großem militärischen Ruf in den Kampf um die Krone stürzen werden, gibt es in der englischen Führungsschicht wenig Neigung, sich für Edgar Aetheling als Kandidaten stark zu machen. Wie könnte er ohne einschlägige Erfahrung den zu erwartenden Krieg bestehen?

Wir werden das Schicksal dieses jungen Mannes nicht im Einzelnen weiter verfolgen, müssen aber vermerken, dass er nach dem Sieg Wilhelms „des Eroberers" immerhin von einigen Kräften, darunter Erzbischof Stigand, erst einmal zum König proklamiert, dann aber nicht weiter unterstützt wird. Er unterwirft sich wenig später dem Sieger und erfährt von diesem eine schonende Behandlung. Doch hat er möglicherweise bei späteren Erhebungen gegen die Normannen sowie bei verschiedenen weiteren Auseinandersetzungen u. a. in Schottland eine gewisse Rolle gespielt. Noch später ist er an der normannischen Eroberung Süditaliens beteiligt und hat außerdem am Ersten Kreuzzug teilgenommen.

So sieht es also aus im Jahr 1066: König Edward lebt nicht mehr. Die Thronfolge ist umstritten. Die Schwächen der angelsächsischen Monarchie liegen klar zutage. Das Land muss sich des Zugriffs äußerer Mächte erwehren. Viel hängt jetzt von den Entscheidungen der beiden wichtigsten Protagonisten der Auseinandersetzung ab. Entscheidungen die – man möchte sagen: selbstverständlich – über die Köpfe der meisten Zeitgenossen hinweg gehen. Rücken wir also nun die Haupt-Kontrahenten ins Blickfeld: Wilhelm und Harold.

Wenn wir die Ereignisse, denen wir hier auf der Spur sind, von ihrer menschlichen Seite her verstehen wollen, müssen wir, der Konzeption des niederländischen Kulturhistorikers Johan Huizinga folgend, versuchen, uns die Figuren der Geschichte nicht nur als Verkörperung von Zielen und Prinzipien vorzustellen, sondern als tatsächlich handelnde Menschen aus Fleisch und Blut, das heißt, auch ihre Stärken und Schwächen, ihre Wünsche und Ängste in das Bild mit einzubeziehen. Soweit das eben möglich ist – anhand der Quellenlage und mit dem, was uns an Lebenserfahrung zur Verfügung steht …

Müssen wir der Schläue, mit der Wilhelm der Bastard seinen Kampf um England vorbereitet, unsere Bewunderung zollen? Oder stößt uns die rücksichtslose und teilweise hinterhältige Zielstrebigkeit dieses großen und vitalen Egozentrikers ab?

Gustav Faber*

Der Herausforderer: Herzog Wilhelm II.

„Eines Morgens ritt Robert, Herzog der Normandie, (…) auf Falaise, seine Hauptstadt zu. Da sah er Arlette, die Tochter eines Gerbers, die dabei war, in einem Fluss Leintuch zu waschen. Augenblicklich war seine Liebe entflammt. Er nahm sie mit in sein Schloss, und obwohl er bereits mit einer Dame von Stand verheiratet war, lebte er mit ihr für den Rest seiner Tage." Es ist Churchill, der hier noch einmal zu Worte kommt und die Geschichte von Vater und Mutter Wilhelms „des Eroberers" fast im Stil eines Märchens erzählt.* Natürlich wusste dieser wortgewaltige Autor, dass der Ablauf und die Folgen einer solchen Romanze alles andere als harmonisch sein mussten. Zwar mochte die außereheliche Verbindung mit einem Mädchen aus dem Volk (auch unter dem Namen „Herleva" bekannt) nach dem Denken jener Zeit als akzeptierbar, ja als etwas keineswegs Ungewöhnliches angesehen werden; *„more danico"* nannte man es („nach dänischer Sitte") und leitete diese Verhaltensweise offenbar von skandinavischen Gebräuchen her. Dass aber Herzog Robert I. keine „legitimen" Nachkommen hatte und seinen „natürlichen" Sohn schon als Kind zum Nachfolger designierte, war durchaus problematisch. Der Herzog, der zwei sehr unterschiedliche Beinamen erhielt, nämlich einerseits „der Prächtige" und andererseits (begründet durch eine alte Legende) „der Teufel", ist wohl stets ein Mann von eigenwilligen Entschlüssen gewesen. 1034, ein paar Jahre nach der Geburt dieses Sohnes, verkündet er, er wolle zu einer Pilgerfahrt ins Heilige Land aufbrechen. Diesen Plan hat er ausgeführt, wohl wissend, dass es ein Unternehmen mit vielen Gefahren war und dass eine Heimkehr keineswegs als sicher gelten konnte. Auf dieser Reise ist er denn auch im folgenden Jahr gestorben. Zu diesem Zeitpunkt war sein Sohn Wilhelm (geb. 1027/28, reg. 1035–1087) noch ein unmündiges Kind.

Der Herzog hat den kleinen Wilhelm unter die Obhut mehrerer Getreuer gestellt, die als Beschützer und Erzieher fungieren, allen voran der Onkel Robert von Evreux, Erzbischof von Rouen, der bis zu seinem Tod 1037 als Vormund und Regent auftritt. Danach erheben sich in der gesamten Normandie heftige Streitigkeiten um die Vorherrschaft, die in gewaltsame Kämpfe ausarten, vor allem jedoch durch heimtückische Anschläge gegen die verbleibenden Beschützer des jungen Wilhelm ausgetragen werden. Mindestens einer dieser Männer wird im Beisein des Kindes ermordet, was diesem zweifellos ein drastisches Bild vom Ablauf herrscherlicher Machtkämpfe vermittelt. Oft auf der Flucht und zeitweise versteckt lebend, erreicht der Junge trotz solcher Fährnisse das Erwachsenenalter. Dann jedoch wird seine Regierung durch eine Rebellion rivalisierender Barone überschattet, die ihn an den Rand der Entmachtung bringt. Zur Ruhe kommt dieser Fürst tatsächlich nie und vielleicht hat er das auch gar nicht gewollt. Immer wieder ergibt sich die Notwendigkeit (oder ergreift er die Gelegenheit?), in Konflikte einzutreten. Immer wieder tauchen neue, noch gefährlichere Gegner auf: nicht zuletzt der König von Frankreich, Heinrich I., sein Lehnsherr, dem der Herzog offenbar zu mächtig wird, sodass er sich gegen ihn stellt und mit Wilhelms eigenen Vasallen gegen diesen paktiert. Aber der Herzog kann auch diesen Konflikt für sich entscheiden; ein Attentat auf sein Leben geht fehl, der König stellt sich nun doch auf seine Seite und 1047 auf dem Schlachtfeld bei Val-ès-Dunes wird der Aufstand niedergeschlagen. Danach etabliert er mit der ihm eigenen Energie ein straffes, kämpferisch geprägtes Herrschaftssytem.

Abb. 8
Der „herrische" Blick – Wilhelm „der Eroberer" in der Schlacht bei Hastings.

Wie können wir uns diesen Mann als Menschen vorstellen? In seiner äußeren Erscheinung muss Wilhelm nach damaligem Maßstab groß (ca. 1,80 m) gewesen sein. Er wirkt stattlich, ist kräftig und von stabiler Gesundheit – jedenfalls in seinen besten Jahren. Was seine Gesichtszüge betrifft, haben wir das Zeugnis des Teppichs von Bayeux: Dort strahlt seine Physiognomie vor allem Ruhe und Überlegenheit aus, aber wir dürfen nicht davon ausgehen, dass wir es mit Porträts im heutigen Sinn zu tun haben. Eher wird uns ein geradezu an Augustus gemahnendes Idealbild vorgeführt. Allerdings: In jener Szene aus der Schlacht von Hastings, in welcher der Herzog sein Gesicht zeigt, um seinem Heer zu beweisen, dass er nicht tot oder verwundet sei, gibt ihm die vereinfachende Gestaltung des Teppichs einen flammenden Blick von fast magischer Bannkraft (Abb. 8)!

Rücksichtslose Energie ist offenbar ein Wesenszug, der stets hervorbricht, wenn dieser ehrgeizige Mann in Entscheidungssituationen steht oder wenn er gar auf Widerstand trifft. Dann reißt ihn sein herrisches Wesen hin und er scheut vor Gewaltanwendung nicht zurück. So kommt es, dass er zu härtesten Maßnahmen greift, als es nach 1066 den Angelsachsen schwerfällt, sich unter die Regierung ihres neuen Königs zu beugen. Da trübt sich denn das Bild des weitblickenden Organisators und fähigen „Verwaltungschefs", der er zweifellos auch gewesen ist. Zu der Biografie von P. Rex gibt es sogar den Kommentar, sie porträtiere „Wilhelm, wie er wirklich gewesen ist – ein blutdürstiger, rücksichtsloser Kriegsverbrecher"; wohl ein etwas zu modern formuliertes Kritikerurteil, denn gerade jenes Buch bemüht sich, die historische Gestalt im Kontext ihrer Zeit zu verstehen, und es wird darin betont, dass neben schlimmen Eigenschaften wie Grausamkeit oder Habgier auch ganz andere stehen, beispielsweise verlässliche Freundschaft und eine starke Zuneigung zu seiner Familie.* So erfährt man über Wilhelm nichts von Untreue und sexuellen Ausschweifungen oder illegitimen Kindern. Zugegeben: Mit seinen Söhnen genau wie mit anderen Vertrauten und Gefolgsleuten kann er hart ins Gericht gehen, wenn sie sich gegen ihn stellen. Aber alles dies, auch Unduldsamkeit, übersteigerte Selbsteinschätzung und die Unfähigkeit, Kritik hinzunehmen, sind keine Eigenschaften, über die man sich bei Menschen wundern darf, die unter den Vorstellungen jener Zeit eine hohe Stellung einnehmen. Eine kriegerische Haltung gilt in der damaligen Oberschicht außerdem durchaus als eine Tugend. Deshalb kann D. C. Douglas in seiner Biografie des Herzogs schreiben: „Ein kriegerisches Zeitalter ehrt den Krieger, und in dem jungen Wilhelm fand es einen Kriegsmann, der dieser Verehrung würdig war."*

Wie dem auch sei: In den Jahren herzoglicher Stärke erweist sich Wilhelm als ein wehrhafter, umsichtiger und gegebenenfalls rücksichtslos durchsetzungsfähiger Herrscher, der seine Abhängigkeit gegenüber Frankreich beinahe abgeschüttelt hat. Wenn die genannten Eigenschaften „typisch normannisch" sind, ist dieser Mann ein typischer Normanne. Die Jugendjahre haben zweifellos sein Wesen geprägt und auch das Stigma seiner unehelichen Herkunft muss sich ausgewirkt haben. Schließlich wird er, bis er König wird, überall „der Bastard" genannt. Zwar dürfen wir dafür weder den Wortgebrauch noch die Vorstellungen späterer Zeit als Maßstab nehmen. So wird damals ein dynastischer Status definiert und es kling bisweilen sogar ein Element von Respekt dabei mit, denn es handelt sich ja letzten Endes doch um eine Form hoher Abstammung. Dass die Bezeichnung Bastard aber sehr wohl auch als Beleidigung gebraucht und verstanden wird, beweist die Geschichte der Belagerung von Alençon (1051). Wie es heißt, rufen die Verteidiger dem Herzog von ihren Mauern herab das Wort „Bastard!" zu und bringen ihn damit so in Wut, dass er nach dem Fall der Stadt den Gegnern Hände und Füße abschlagen lässt. Dies ist ein oft zitiertes Beispiel für die Grausamkeit, zu der dieser Mann fähig ist. Allerdings: Es ist zu seiner Zeit (und nicht nur damals) durchaus nichts Ungewöhnliches, mit Besiegten brutal umzugehen.

Unter Wilhelms Regierung entfaltet sich in der Normandie eine wirtschaftliche, politische und kulturelle Blütezeit. Zu seinem Konzept, das auf Vormachtstellung und Expansion gerichtet ist, passt auch seine Hochzeit mit Mathilde, der Tochter des Grafen Balduin V. von Flandern im Jahre 1051 (oder 1052 – oder womöglich doch noch früher? Eine der vielen offenbar nicht endgültig zu lösenden Fragen, und keineswegs eine unwichtige!). Diese Verbindung, die Wilhelm wohl über mehrere Jahre anbahnt, bringt ihn in Gegensatz zu seinem Lehnsherren König Heinrich I. von Frankreich und beschwört die Gegnerschaft Papst Leos IX. herauf, der mit der Begründung einer zu engen Verwandtschaft seine Zustimmung verweigert und auf einem Konzil in Reims (1049) sogar ein förmliches Verbot ausspricht. Dieser Papst gilt freilich als „Normannenfeind" und wir müssen durchaus davon ausgehen, dass auch die geistlichen Oberhirten ins Mächtespiel der Epoche eingebunden sind und dass ihre Politik bisweilen durchaus irdischen Interessen dient. Wilhelm riskiert es jedenfalls, gegen das Oberhaupt der Kirche zu opponieren. Erst Leos Nachfolger Nikolaus II. gibt seine Einwilligung und das Herzogspaar stiftet im Gegenzug in Caen eine Abtei für Mönche und eine für Nonnen.

Wilhelms Haltung im Zusammenhang mit dem von ihm behaupteten Recht auf die englische Krone lässt die Vermutung zu, dass er gegebene Fakten zu seinen Gunsten interpretiert oder sogar mit der Wahrheit freizügig umgeht – gewissermaßen Propaganda in einem verblüffend modern anmutenden Sinn. Aber auch das kann gerade für Betrachter unserer Zeit kaum etwas Fremdes sein. In dieser ganz speziellen Kunst sind viele führende Köpfe aller Epochen geradezu Meister. Was Wilhelm betrifft, so ist er wohl unerschütterlich von der Berechtigung seiner Entscheidungen überzeugt. Im Dienst einer Sache, an deren Gerechtigkeit er keinerlei Zweifel hegt (oder aufkommen lässt?), mag ihm jedes Mittel recht erscheinen. Und sein zupackendes Temperament sichert ihm den Erfolg. Für seine Ziele weiß er stets den jeweils günstigsten Augenblick zu erkennen und es ist ihm die Fähigkeit gegeben, solche Gelegenheiten zielsicher wahrzunehmen. Ein „typisch normannischer" Wesenszug, möchte man sagen. Militärisch geht er ebenso erfolgreich vor wie im Endeffekt auch als Diplomat. Er ist ein starker Taktiker, wenn auch sein strategisches Können weniger hoch veranschlagt wird. Bei verschiedenen Gelegenheiten hören wir glaubhaft von seiner persönlichen Tapferkeit auf dem Schlachtfeld. Allerdings dürfte es in einigen Fällen doch geraten sein, einzelne Überlieferungen mit Fragezeichen zu versehen – so bei gewissen Details über seine Rolle im Endkampf der Schlacht bei Hastings, mit denen wir uns noch beschäftigen werden (S. 80).

Wilhelms Entschlusskraft – als Herzog wie als König – tritt jedenfalls immer wieder zutage. Außerdem verfügt er über eine Geistesgegenwart, die sich – wenn wir den Anekdoten trauen dürfen, in einer zuverlässig funktionierenden Schlagfertigkeit ausdrückt. Man denke nur an die Geschichte vom Kettenhemd, von dem es heißt, dass er es am Morgen der Schlacht bei Hastings irrtümlich verkehrt herum übergestreift habe; rasch soll er es neu angelegt und dabei den Anwesenden zugerufen haben: „So werde ich heute mein Herzogtum in ein Königreich verwandeln!"

In einem späteren Abschnitt (S. 115 f.) wird uns König Wilhelm I. als ein Mann begegnen, an dem die Zeit ihre Spuren hinterlassen hat. Aber vorerst sehen wir ihn vor uns als einen Fürsten und Kriegsherrn in seinen besten Jahren, einen der großen „Täter" unserer Geschichte, der die Gelegenheit zur entscheidenden Unternehmung seines Lebens vor Augen hat: der Griff nach der englischen Krone! Dieses Ziel strebt er offenbar mit solcher Entschiedenheit an, dass er kaum bereit ist, auf irgendwen oder irgendetwas Rücksicht zu nehmen. Deshalb ist die oben zitierte Frage, die Gustav Faber aufwirft, nur allzu berechtigt. Aber müssen wir uns denn eine so grundsätzliche Entscheidung abverlangen? Geschichtsbetrachtung soll nicht als Erstes werten. Sie darf sich weder zum Heldenlied versteigen, noch sollte sie zum Horrorszenarium geraten. Es geht um „einfache" Fragen: Was ist gewesen und wie ist es dazu gekommen? Und dahinter steht immer dasselbe Interesse: Etwas darüber zu erfahren, wie die Dinge der Welt sich entwickeln – und damit uns selbst besser zu verstehen.

Übrigens hat sich das Bewusstsein unserer Zeit, deren Vorstellungen von der Medienwelt geprägt sind, selbstverständlich nicht nehmen lassen, einprägsame Bilder von Wilhelm dem Eroberer zu bieten. Ich erwähne nur zwei Beispiele: Das eine ist von einem französischen Illustrator, da gleicht der Eroberer unverkennbar Charlton Heston, das andere stammt aus England, und da sieht er aus wie Jack Hawkins. Beide sind (oder waren vor einigen Jahren) Filmidole der westlichen Welt – und beide heldenhafte Sympathieträger, deren Image man vielleicht so charakterisieren kann: Typ Haudegen mit edler Gesinnung.*

Weggefährten und Zeitgenossen

Selbstverständlich kann auch ein Mann wie Wilhelm „der Eroberer" sein Handeln nicht nur auf die Kraft und Leistung seiner eigenen Person aufbauen. Er ist auf Kontakte mit Partnern, Helfern und Gefolgsleuten angewiesen, ein Geflecht menschlicher und politischer Verbindungen, das viele andere Persönlichkeiten einbezieht. Deren Zahl ist zu groß, um hier einen Überblick auch nur zu versuchen, aber es sollen doch stellvertretend für alle anderen ein paar Namen genannt werden.

Odo von Bayeux (nach 1030–1097) ist ein Halbbruder des Herzogs, also ein Sohn des Herluin von Conteville und der Arlette (Herleva), der gemeinsamen Mutter, die Herluin nach ihrer Verbindung mit Herzog Robert I. geheiratet hat. Odo schlägt die geistliche Karriere ein und wird Bischof von Bayeux. Beim Feldzug nach Hastings ist er ein wichtiger Mann im Kriegsrat und in der Schlacht (an der teilzunehmen ihn sein geistlicher Stand keineswegs hindert) leistet er dem Eroberer wertvolle Hilfe; zum Lohn wird er als Earl von Kent eingesetzt und mit großem Landbesitz ausgestattet; zeitweilig fungiert er praktisch in der Rolle eines Vizekönigs. Später kommt es jedoch zum Zerwürfnis (1082) und Odo verschwindet für beträchtliche Zeit hinter Kerkermauern. Offenbar hat Wilhelm erst kurz vor seinem Tod die Freilassung verfügt. Odo widmet sich nun seinen geistlichen Aufgaben. Er stirbt in Palermo als Teilnehmer des Ersten Kreuzzugs auf dem Weg ins Heilige Land.

Lanfranc von Bec (um 1010–1089) ist ein Beispiel für alle jene Persönlichkeiten, ohne deren Präsenz Wilhelm die Konsolidierung seines Reiches nicht hätte bewerkstelligen können. Andererseits muss man dem Eroberer zugutehalten, dass er den Klarblick besessen hat, solche Leute an der richtigen Stelle einzusetzen. Lanfranc ist einer der bedeutenden Theologen und geistlichen Lehrer seiner Zeit, „der glänzendste und scharfsinnigste Geist zwischen Augustinus und Thomas von Aquin".* Er wird in Pavia geboren und tritt dem Benediktinerorden bei. Sein Wirken als Gelehrter und Geistlicher führt ihn von Italien nach Frankreich und schließlich nach England. Er wird Prior von Le Bec, dann Abt von Saint-Etienne in Caen (1063) und schließlich (1070) Erzbischof von Canterbury, gelangt also auf jenen Platz, den zuvor der Angelsachse Stigand innegehabt hat. Anselm von Canterbury zählt zu seinen berühmten Schülern, und die Abtei von St Albans gehört zu den Orten, die seine besondere Förderung genossen haben.

Mathilde von Flandern (um 1030–1083), Herzogin der Normandie und später Königin auf dem englischen Thron, ist nach allem, was wir wissen, nicht nur Gemahlin des Eroberers, sondern eine in mancher Hinsicht gleichrangige Partnerin. „Eine schöne und edle Frau" wird sie genannt, was vielleicht nicht nur konventionelle Lobpreisung ist. Ob die Brautwerbung Herzog Wilhelms auch von persönlicher Neigung oder nur von politischem Kalkül bestimmt ist, lässt sich heute nicht mehr ergründen. Jedenfalls wird durch diese Verbindung eine politische „Blockbildung" ermöglicht, welche die Übermacht des französischen Königs eingrenzt. Auch können gewisse dynastische Wurzeln zur Stütze des Anspruchs auf die englische Krone gedient haben. Durch das Eheverbot, des Papstes (S. 46) lässt sich das Paar nicht abschrecken. Offenbar hängt mit der späteren Aufhebung dieses Verdiktes die Stiftung der Dreifaltigkeitsabtei in Caen zusammen, in welcher Mathilde bestattet wird. Als der Herzog zur Eroberung des Inselreiches aufbricht, setzt er seine

Gemahlin als Stellvertreterin im Herzogtum ein, was zweifellos als großer Vertrauensbeweis und als Betonung ihrer Stellung bei Hofe zu werten ist. Nach der triumphalen Rückkehr als König leitet Wilhelm auch für sie die Krönung in die Wege. Zu einer harten Belastung des Ehebundes wird die Rebellion des ältesten Sohnes Robert gegen den Vater, aber es kommt nicht zu einem echten Bruch. Unter den Menschen, die den Weg einer Persönlichkeit bestimmen, sind nicht nur Freunde und Vertraute, sondern auch Leute, die ihr Widerstand bieten.

König Heinrich I. von Frankreich (reg. 1031–1060) aus der Dynastie der Kapetinger ist Lehensherr der normannischen Herzöge, die sich allerdings manche Freiheit gegenüber der Krone herausnehmen. Beim Aufstand der Barone gegen Wilhelm „den Bastard" stellt er sich auf dessen Seite und erhält sich damit einen Gefolgsmann, der ihn in der Auseinandersetzung mit dem mächtigen Grafen von Anjou unterstützt. Dieses Bündnis bekommt jedoch einen Stoß durch Wilhelms Heirat, denn eine Allianz mit dem ebenfalls mächtigen Grafen von Flandern, das wurde schon erwähnt, kann dem König gefährlich werden, zumal dessen eigentlicher Machtbereich nicht weit über die Ile-de-France hinausreicht. So entsteht wieder ein gespanntes Verhältnis. In den Schlachten von Mortemer (1054) und Varaville (1057) vermag Wilhelm jedoch, sein Herzogtum zu sichern, und später wird er es riskieren können, sich auf den Kampf um England einzulassen, ohne eine allzu große Bedrohung „im Rücken" zu fürchten.

*Earl Harold wurde nun zum König gesalbt, und er fand
wenig Ruhe dabei, solange er das Land regierte.*
Angelsächsische Chronik*

Der Verteidiger: König Harold II.

Verachtungswürdiger Eidbrecher oder politischer Märtyrer? Harold II. (geb. um 1022, reg. u. gest. 1066), der „letzte englische König", wird sehr unterschiedlich beurteilt, und wenn es schon schwierig ist, über Wilhelm „den Eroberer" aus heutiger Sicht ein gerechtes Urteil zu fällen, so scheint es bei seinem Widersacher fast unmöglich zu sein. Deshalb wollen wir versuchen, einfach die behaupteten Fakten in ihrer Gegensätzlichkeit zusammenzustellen. Sicher dürfte sein, dass die Karriere dieses Mannes durch die Familie, aus der er stammt, vorgeprägt ist. Durch sie ist er der mächtigste Großgrundbesitzer Englands. Schon sein Vater Godwin, Earl von Essex, ist in einer annähernd herrscherlichen Position, spannungsvoll verkettet mit König Edward „dem Bekenner", der als eher schwache Persönlichkeit gilt. Nach Godwins Tod (1053) tritt Harold sein Erbe an und wird nun seinerseits zur „grauen Eminenz" am angelsächsischen Thron. Seine Schwester Edith ist die Gemahlin König Edwards. Doch lässt sich absehen, dass die Ehe kinderlos bleiben wird. Der einzige Anwärter aus Edwards Familie, Edgar, ist noch nicht volljährig und wird von den entscheidenden Kräften des Adels als ungeeignet für die Krone beurteilt. Die angelsächsischen „Königsmacher" wollen offenbar keinen anderen als Harold.

Und hat er nicht sein Talent schon bewiesen? Beispielsweise durch seinen Feldzug in Wales, von dem er siegreich heimgekehrt ist, bei dem er aber auch gezeigt hat, wie sehr er fähig ist, rücksichtslos vorzugehen. Das Blutbad, das er unter den Besiegten angerichtet hat, würden wir heute wohl als „Völkermord" bezeichnen. Und dann sind da die Querelen im eigenen Haus: Harolds Streitigkeiten mit seinen Brüdern, die viele politisch wichtige Positionen besetzen! Tostig, Earl von Northumbria, dem Harold Titel und Landbesitz abgenommen hat, geht voller Hass ins Exil, aber er wird zurückkommen. Vor allem jedoch schwebt über dem Haupt des ehrgeizigen Mannes wie eine dunkle Wolke das Problem der umstrittenen Nachfolge-Entscheidung König Edwards. Denn es wird von verschiedenen Seiten behauptet, der König habe sich dezidiert und in bildender Weise geäußert. Nur ist die „heiße Frage": zu wessen Gunsten?

Dies sei hier wegen der entscheidenden Bedeutung noch einmal zusammengefasst: Erste Behauptung: Edward hat Herzog Wilhelm ausdrücklich die Krone versprochen. Der Normanne ist weitläufig mit ihm verwandt und noch aus den Jahren im Exil hat der König große Sympathien in diese Richtung. Selbst unter den Befürwortern dieser Version ist aber strittig, ob das Versprechen bei einem (nicht gesicherten) Besuch Wilhelms in London oder auf anderem Wege gegeben wurde. Wilhelm wird das so begründete Recht schließlich ohne Wenn und Aber einfordern.

Die zweite Behauptung: Harold ist um das Jahr 1064 in der Normandie gewesen und hat dort geschworen, Wilhelms Ansprüche zu unterstützen. Die meisten Historiker betrachten den Aufenthalt als Tatsache, aber über alles Weitere gehen die Meinungen sehr auseinander: Ist es eine geplante Reise, womöglich mit der diplomatischen Mission, das Versprechen an Wilhelm zu überbringen bzw. zu bekräftigen? Oder gibt es ganz andere Ziele? Vielleicht ist die „Reise" in die Normandie in Wahrheit gar nicht beabsichtigt, sondern das Ergebnis eines Schiffbruchs, dem die Gefangennahme Harolds durch den Grafen Guy de Ponthieu folgt, aus dessen Gewahrsam Herzog Wilhelm den „Besucher" auslöst. So schildert es der Teppich von Bayeux.

Diese Version ist also die normannische und sie besagt weiter, Harold sei am Hofe des Herzogs als Gast behandelt worden, Wilhelm habe ihn sogar zu ritterlichen Ehren erhoben – und damit quasi zu seinem Gefolgsmann gemacht. Wie es scheint, hat sich zwischen den beiden Männern eine gegenseitige Hochachtung, wenn nicht gar Freundschaft entwickelt – ungeachtet der zwischen ihnen schwelenden Rivalität um die Anwartschaft auf die Krone König Edwards. Man reitet auf die Jagd (Abb. 9) und geht auf einen Kriegszug des Herzogs in die Bretagne. Harold soll normannischen Rittern, die durch Treibsand in Gefahr geraten sind, mit mutigem Einsatz das Leben gerettet haben. Schließlich heißt es sogar, er habe sich mit einer Tochter Wilhelms verlobt – wovon er aber später offenbar nichts mehr habe wissen wollen. Wilhelm zeigt sich demnach als großzügiger Gastgeber und er setzt sogar Harolds Rückkehr nach England nichts entgegen. Allerdings verlangt er ihm – wieder nach Darstellung von normannischer Seite – ein wichtiges Zugeständnis ab: Harold soll auf heilige Reliquien schwören, er werde beim Tod des englischen Königs die Thronansprüche Wilhelms unterstützen, der ja behauptet, ihm sei durch Edward die Krone versprochen worden. Diese Szene, für die wir eigentlich nur den Teppich von Bayeux als Beleg kennen, wird eine entscheidende Grundlage für Wilhelms Eroberungszug sein (Taf. 4b). Denn durch sie wird Harold, als er sich selbst krönen lässt, zum Eidbrecher gestempelt.

Abb. 9   Harold Godwinson auf Jagd in der Normandie.

Was ist an diesen Schilderungen Wahrheit? Oder „frisierte" Wahrheit? Oder glatte Propaganda-Lüge? Diese Frage wird kaum noch schlüssig zu beantworten sein. Vor allem die Szene der Eidesleistung gilt als zweifelhaft. Hat sie in Wahrheit gar nicht stattgefunden? Oder ist Harold überrumpelt worden bzw. auf einen Trick hereingefallen? In der Tat wirkt das Arrangement übertrieben und man muss sich fragen: Wozu überhaupt ein solches Manöver, wenn Edwards Versprechen so klar erfolgt ist, wie Wilhelm es darstellt.

Auffällig wirkt in diesem Zusammenhang zumindest zweierlei. Erstens: Harold hat anscheinend nicht gegen den Eid argumentiert, den er beispielsweise als erzwungen und dadurch ungültig hätte darstellen können. Das wäre eigentlich ein logischer Schritt, wenn eine derartige Zeremonie gar nicht stattgefunden hätte. Und – zweitens – es gibt Stellungnahmen aus angelsächsischer Sicht, der Eid sei durch Überrumpelung bzw. Täuschung zu Stande gekommen, was ebenfalls nicht verständlich wäre, wenn man den ganzen Vorgang als erfunden abtun oder gar Harolds Anwesenheit in der Normandie bestreiten wollte.

Auf jeden Fall darf Harold von seinem Normandie-Aufenthalt, den wir damit als Tatsache annehmen, nach England zurückkehren und wieder seinen Platz an der Seite des Königs einnehmen. Mit dessen Gesundheit ist es nicht zum Besten bestellt. Anfang Januar 1066 rückt mit Delirium und schrecklichen Visionen das Ende heran. Und nun folgt, wie wir ja schon wissen, die dritte Behauptung: Als es ans Sterben geht, sagt Edward Harold die Krone zu und beauftragt ihn mit der unverzüglichen Übernahme der Regierung. Dies wird von normannischer Seite in Abrede gestellt, bzw. es wird gegen Harold der Vorwurf erhoben, er habe sich gegen die früheren Entscheidungen Edwards und gegen seinen eigenen Eid gewendet – und ohne Rücksicht darauf, dass er es mit Äußerungen eines Sterbenden zu tun habe, der möglicherweise verwirrten Geistes gewesen sei. Letzteres klingt allerdings so, als wisse man durchaus, dass es diese Äußerung des Königs gegeben habe und sei nur nicht einverstanden, dass sie ernst genommen werde. Wilhelm pocht demnach auf eine vorher gegebene Zusage als eigentlich bindend sowie auf eine von Harold gegebene eidliche Bestätigung. In diesem Zusammenhang muss freilich auch berücksichtigt werden, dass Harold schon lange vor seinem Aufenthalt in der Normandie ein Gefolgsmann König Edwards gewesen und somit an diesen durch ein durch weitaus älteres Treueverhältnis gebunden ist.

Wie bereits erwähnt: In diesem Verwirrspiel um Behauptungen und Anrechte bleibt ein Element von Ungewissheit, das wohl nie mehr ganz aufgelöst werden kann. Eines aber ist sicher: Eine Berufung Harolds durch Edward entspricht nicht nur den Wünschen des Betroffenen, sondern auch der Vorstellung des angelsächsischen Adels und der kirchlichen Würdenträger, allen voran wohl Erzbischof Stigand. Der entscheidende nächste Zug erfolgt durch diese „Interessengruppe", und es geht alles fast unglaublich schnell. Harold wird zum König erhoben und bereits am Tag nach Edwards Tod gekrönt. Diese auffällige Eile gibt zu denken. Ist man sich seiner Sache nicht sicher? Es wird überliefert, Stigand habe den Krönungsakt vollzogen, aber es wird auch angenommen, es sei wohl eher ein anderer Bischof (Alfred von York?) gewesen, denn der Erstere ist durch seine Entzweiung mit dem Papst in einer prekären Lage und ein Vollzug durch ihn könnte somit als ungültig abgetan werden.

Probleme über Probleme für den neuen Herrscher, aber ohne Zweifel ist Harold nun König, wenn auch die Rechtmäßigkeit des Vorgangs von nicht nur einem gegnerischen Anwärter bestritten wird.

Was für ein Mann ist dieser König Harold? Wir wissen schon von seinem Ehrgeiz, seiner Energie und seinem Regierungstalent, aber auch von seinem rücksichtslosen Willen. Als Mensch muss er – wie sein Hauptgegner Herzog Wilhelm – eine imponierende Erscheinung gewesen sein. Er wird als gut aussehend geschildert, groß und kräftig, im Waffenhandwerk geübt. 1066 ist dieser Mann ein „Mittvierziger". In diesem Jahr heiratet er Edith (Ealdgyth), Tochter des Earl von Mercia und Witwe eines walisischen Fürsten. Wenn sein Verlöbnis in der Normandie eine Tatsache ist, hat er sich offenbar nicht daran gebunden gefühlt. Im Übrigen gibt es schon seit etwa zwanzig Jahren eine Frau in seinem Leben, Edith „Schwanenhals" (eigentlich wohl: Edith *Swannesha* = Edith „die Schöne"), die er offenbar leidenschaftlich liebt und von der er mehrere Kinder hat, mit der er jedoch keine offizielle Ehe führt. Sie wird meist als „Konkubine" qualifiziert, wird aber diejenige sein, die mit auf den Feldzug geht. Eine „offene" Situation. Nun, möglicherweise ist Harold – wohl anders als Wilhelm – ein „Frauentyp" gewesen.

Bei seinen Gefolgsleuten ist dieser König beliebt und insgesamt hat er stabilen Rückhalt beim angelsächsischen Adel, auch die „dänische" Partei scheint ihn zu akzeptieren und zweifellos steht die Bevölkerung auf seiner Seite. Wichtig ist offenbar: Man vertraut darauf, dass er das Land vor einer normannischen – sprich: französischen! – Fremdherrschaft bewahren wird ...

Weggefährten und Zeitgenossen

Selbstverständlich steht auch Harold nicht allein, im Gegenteil: mehr noch als Wilhelm ist er bei seinem Handeln in ein Geflecht persönlicher und politischer Beziehungen eingebunden. Und einige Menschen seiner Umgebung haben ganz besonderen Einfluss.

Stigand (vor 1020 – wohl 1072) ist als angelsächsischer Prälat eine wichtige politische Figur im Vorfeld der normannischen Eroberung. Er hat sich über mehrere Regierungswechsel in einer führenden Position zu halten vermocht. Schon unter König Knut findet man ihn als Hofkaplan und später steht er dessen Witwe Emma nahe. Als Bischof übernimmt er 1047 den bedeutenden Sitz Winchester und 1052 wird er außerdem Erzbischof von Canterbury. Er dient Edward „dem Bekenner" und stützt zugleich die Karriere Earl Godwins, eine Art Bündnis auf Gegenseitigkeit. Stigand macht sich aber auch mächtige Feinde, die ihm Ämterhäufung und Simonie (Handel mit geistlichen Ämtern) vorwerfen. Im innerkirchlichen Konflikt setzt er auf Papst Benedikt X., was sich als schwerwiegender Fehler erweist, da dieser als Gegenpapst abgesetzt wird. So hat man wahrscheinlich zur Vorsicht einen anderen Kirchenfürsten die Krönung Harolds vollziehen lassen. Dennoch ist er dem Godwin-Sohn eine wichtige Stütze und spielt eine bedeutende Rolle als „Königmacher" sowohl bei dessen Thronerhebung als auch später bei der Krönung Wilhelms, dem er sich nach der Schlacht von Hastings unterwirft. Trotz manches geschickten Winkelzuges gerät Stigand „zwischen die Mühlsteine der Politik", verliert seine Ämter, hält sich eine Zeit lang in der Normandie auf und endet schließlich im Kerker seines ehemaligen Bischofssitzes Winchester.

Harolds Brüder, welche für die Erfolgsstrategie des Hauses Godwinson eine wichtige Rolle spielen, haben auch für das Schicksal des glücklosen Königs erhebliche Bedeutung. Während er mit Tostig (gest. 1066), Earl von Northumbria, wegen einer Rebellion gegen König Edward in heftigen Konflikt gerät, der zum Exil des Bruders, dann seiner kriegerischen Rückkehr mit König Harald von Norwegen und zu seinem Tod auf dem Schlachtfeld von Stamford Bridge führt, stehen Gyrth und Leofwin dem bedrängten Heerführer in der

Schlacht bei Hastings helfend zur Seite und fallen ebenso wie er selbst in diesem Kampf.

Schließlich soll hier noch eine äußerst aktive, ja umtriebige Gestalt der königlichen Geschichte Englands genannt werden:

Emma „von der Normandie" (um 987–1052), Tochter des Normannen-Herzogs Richard I., zweimal durch Heirat englische Königin und beide Male verwitwet. Zuerst ehelicht sie Ethelred (*„the Unready"*), dessen zweite Frau sie ist, später dann Knut d. Gr. Aus beiden Ehen hat sie Kinder, für deren Aufstieg zur Königsmacht sie sich intensiv einsetzt. Erfolg ist ihr dabei zweimal beschieden: Hardiknut und Edward (*„the Confessor"*) gelangen auf den Thron. Zeitweilig muss die ehrgeizige Frau ins Exil, aber es kommt ihr andererseits umfangreicher Landbesitz in England zu. Schließlich plant sie, wie es heißt, ein drittes Mal zu heiraten, und zwar den norwegischen König Magnus I., aber zu dieser Ehe kommt es nicht. In diesem Zusammenhang ist zu erwähnen, dass Edward den Besitz seiner Mutter zwangsweise an sich zieht. Durch ihre normannische Herkunft ist Emma übrigens auch mit Wilhelm „dem Eroberer" verwandt: Sie ist seine Großtante und auch auf diese dynastische Verbindung beruft sich der Herzog bei seinem Anspruch auf den englischen Thron.

Der Weg nach Hastings

So also ist die Lage, als König Harold den Thron besteigt. Er wird kämpfen müssen, denn die Nachfolge ist umstritten. Behauptete Rechtsansprüche prallen hart aufeinander: Blutsverwandtschaft, Thronversprechen, Eidesbindung. Ein Verwirrspiel, das man sich vertrackter kaum vorstellen kann. Von den Problemen, die Harolds Eid betreffen, ist bereits die Rede gewesen. Und es muss betont werden, dass der Bruch eines Eides in damaliger Zeit zu den verwerflichsten und verabscheuungswürdigsten Untaten gehört, die ein Mensch – zumal von Adel – überhaupt auf sein Gewissen laden kann. Diese Einschätzung spielt auch eine Rolle, wenn wir zu den kirchenpolitischen Aspekten der Auseinandersetzung kommen.

Auf wessen Seite ist das Recht? Grundsätzlich wird diese Frage nicht oder nicht mehr zu beantworten sein. Denn sowohl die Behauptung Harolds als auch die Wilhelms können richtig oder falsch sein. Das heißt erstens: Es ist möglich, dass Edward einem der beiden sein Wort gegeben hat. Dann sagt dieser eine von ihnen die Wahrheit und der andere lügt. Zweitens: Ebenso kann es sein, dass Edward gar nichts versprochen hat und beide ihre Ansprüche aus der Luft greifen. Aber es gibt auch eine dritte Möglichkeit und auch sie ist durchaus denkbar – nach allem, was wir über Edward erfahren –, dass er nämlich die Schwäche gehabt hat, beiden Kontrahenten, jedem für sich, die erwünschte Zusage zu geben …

Tatsache bleibt: Harold ist jetzt König. Wer daran etwas ändern will, muss angreifen. Und darauf braucht nicht lange gewartet zu werden, denn nun geht es „Zug um Zug" und schließlich werden die Ereignisse sich dramatisch auf wenige Wochen zusammendrängen.

Vorbereitungen beiderseits des Kanals

Als Herzog Wilhelm erfährt, dass Harold sich zum König hat krönen lassen, gibt es für ihn kein Zögern. Für ihn bedeutet diese „Machtergreifung sowohl eine persönliche Beleidigung als auch eine politische Herausforderung".* Er legt unverzüglich Protest ein und beginnt zugleich mit der Planung eines Kriegszugs gegen England. Allerdings kann er nicht ohne Beachtung gewisser Regeln handeln. Vor allem beruft er eine Versammlung des normannischen Adels ein, um sich mit diesem „inneren Kreis" seines Herzogtums zu beraten. Die Risiken mit denen ein Angriff auf England verbunden ist, liegen auf der Hand. So hat er zweifellos mancherlei Bedenken auszuräumen. Aber andererseits lockt die Aussicht auf die Königskrone und der damit verbundene gewaltige Herrschaftszuwachs verspricht auch der Führungsschicht seines Feudalsystems „reiche Beute". So dürfte es dem Herzog nicht schwerfallen, Zustimmung und Gefolgschaft zu finden. Bei der Einweihung der Dreifaltigkeits-Abtei in Caen im Juni 1066 kann sein Vorhaben weiter gefestigt werden. Auch die Geistlichkeit muss selbstverständlich mit einbezogen werden, was bereits im Frühjahr durch die Entsendung einer Gesandtschaft nach Rom untermauert wird. Allgemein wird davon ausgegangen, dass Papst Alexander II., ein Anhänger der kirchlichen Reformpartei, dem Kriegszug umfangreiche Unterstützung gegeben hat, wenn auch neuere Forschungen diesen Aspekt mit Vorsicht betrachten. Wilhelms Absicht dürfte klar sein: König Harold wird durch die normannischen Unterhändler nicht nur als Eidbrecher angeschwärzt, sondern wohl auch wegen seiner Kirchenpolitik und vor allem wegen des engen Kontaktes zu Stigand, dessen Erhebung zum Erzbischof von Canterbury durch den kurz darauf abgesetzten Gegenpapst Benedikt X. erfolgt ist, was ihn zum Gegner der römischen Kurie stempelt. So wirbt Wilhelm um päpstlichen Segen und am liebsten sähe er eine Exkommunizierung Harolds. Jedenfalls wird seine Armee unter einem Banner antreten, das seinem Aufmarsch quasi den Nimbus eines Kreuzzugs verleiht (Abb. 10).

Abb. 10
So könnte Wilhelms Kreuzbanner ausgesehen haben ...

Bis der Aufbruch tatsächlich erfolgen kann, sind jedoch umfangreiche Vorbereitungen zu treffen. Es muss eine Flotte bereitgestellt werden, und weil das Aufgebot der normannischen Barone nicht ausreichend erscheint, sind zusätzliche Truppen zu sammeln. Man lädt Kriegsleute aus benachbarten Gebieten zur Teilnahme ein und wirbt außerdem zahlreiche Söldner an, kampferprobte „Glücksritter" aus zahlreichen Ländern. Zweifellos ist es nicht zuletzt die Aussicht auf reiche Beute, die manchen Kämpen ins normannische Lager führt. Wilhelm habe seinen Feldzug „geplant wie ein Geschäftsunternehmen", schreibt Churchill.* Und gewiss hat er nicht im Sinn, die feste Basis seiner Herrschaft, die er in der Normandie geschaffen hat, für ein tollkühnes Abenteuer aufs Spiel zu setzen. Wenn das Heer nach England übersetzt, muss dafür gesorgt sein, dass kein Nachbar sich ermuntert fühlt, die Abwesenheit des Herzogs auszunutzen und über die Normandie herzufallen. Wilhelm setzt Herzogin Mathilde als Stellvertretung für die Zeit des Feldzugs ein. Ihr müssen selbstverständlich die Helfer und Mittel an die Hand gegeben werden, das Land gut zu verwalten. Alles dies muss organisiert werden und darüber vergeht Zeit.

Indessen ist selbstverständlich auch König Harold nicht untätig. Schließlich weiß er, was ihm droht, und so trifft auch er seine Vorbereitungen. Er zieht Schiffe zusammen, stationiert Truppen und hebt Milizen aus. Die englische Südküste wird mit Wachtposten besetzt und alles ist vorbereitet, um eine Invasionsarmee gebührend zu empfangen. Doch das Schicksal scheint dem König schon jetzt nicht günstig gesonnen zu sein. Die Zeit arbeitet gegen ihn. Wilhelms Aufbruch zieht sich hin. Der Sommer vergeht. Die bäuerlichen Hilfstruppen müssen an die Ernte denken. Und dann kommt ein Schlag, mit dem der König in diesem Augenblick wohl kaum gerechnet hat!

„Gemetzel" bei Stamford Bridge

Während Harold seine Kräfte im Süden konzentriert, erfolgt ein gefährlicher Angriff von der entgegengesetzten Seite. König Harald „Hardraada" von Norwegen, der sich ebenfalls als Anwärter auf die Krone betrachtet, unternimmt einen Feldzug zur Eroberung Englands. Er wird begleitet von einem Bruder Harolds, Tostig, einstmals Earl von Northumbria, der nach schweren Konflikten noch unter der Herrschaft Edwards „des Bekenners" außer Landes gegangen ist und nun die Gelegenheit wahrnehmen will, die Provinz zurückzugewinnen, die man ihm genommen hat. Die Verbündeten landen zunächst mit ihrem Heer auf den Orkney-Inseln, und dann, Anfang September 1066, fallen sie in England ein. Die Truppen, auf die Harald zuerst trifft, besiegt er vernichtend bei Fulford. Es gelingt ihm, York zu besetzen. Dann aber stellt sich ihm in der Schlacht bei Stamford Bridge überraschend König Harold selbst entgegen und das bedeutet für ihn und Tostig nicht nur das Ende des Feldzugs, sondern auch das Ende ihres Lebens. Diese rasche Abwehr ist nur möglich, weil die Truppen, die für den Kampf gegen Wilhelm bereit sind, innerhalb kürzester Zeit vom Süden abgezogen und in Eilmärschen, die mit Aufbietung aller

Kräfte absolviert werden, blitzschnell dem neuen Feind entgegengeworfen werden. Durch diese Aktion hat Harold das Überraschungsmoment auf seiner Seite und kann sich im Handstreich den Rücken frei kämpfen. Doch ist es keineswegs ein leichter Sieg. Vielmehr wird den Angelsachsen das Äußerste abverlangt. Es heißt, gegen Ende der Schlacht, als König Harald bereits gefallen war, habe Harold seinem Bruder Tostig Waffenruhe und allen noch lebenden Norwegern Schonung angeboten, zweifellos auch mit dem Gedanken, seine eigenen Truppen nicht mehr als unbedingt nötig aufzuopfern, aber der Vorschlag wird abgelehnt. Es forderte den ganzen Einsatz der Kerntruppe („*Housecarls*"), diese Schlacht bis zum Ende durchzukämpfen. Unter den Toten ist schließlich auch Harolds Bruder Tostig. Ein bitterer Sieg, wenn auch eine beachtliche militärische Leistung. Wenn es noch eines Beweises bedurft hätte, dass Harold der geeignete Mann sei, die englische Königsherrschaft nach angestammter Tradition fortzuführen, politisch wie militärisch, dann darf diese Schlacht als Bestätigung gelten. So wird der Erfolg schließlich auch mit einem ausschweifenden Fest begangen, aber es ist dem König und seiner Armee nicht lange vergönnt, sich des Triumphes zu freuen: Noch während der Siegesfeier trifft die Nachricht ein, dass die Normannen, die man schon so lange erwartet, im Süden gelandet sind!

Überfahrt und Landung

Herzog Wilhelm hat alle Kräfte angestrengt, um rasch zum Kampf bereit zu sein und noch im Sommer den Griff nach der Krone zu wagen. Aber es gibt ein umfassendes Pensum zu schaffen: Vorhandene Schiffe müssen zusammengeholt bzw. neue gebaut und ausgerüstet werden, Waffen und Verpflegung für die Kämpfer bereitgestellt; die Reiterei, von der man weiß, dass sie kriegsentscheidend sein wird, braucht zahlreiche Pferde. Der Teppich von Bayeux zeigt die gewaltige Anstrengung – vom Sägen der Planken über die Aufbietung von Waffen und Rüstungen bis zum Transport riesiger Weinfässer ... Es kommt hinzu, dass die Normannen – ein Schlüssel ihrer Erfolge! – die Vorbereitungen mit äußerster Akribie betreiben. Beispielsweise werden die Elemente für hölzerne Befestigungsanlagen, die man nach der Landung rasch errichten will, als passgenau hergerichtete „Fertigteile" bereitgestellt und verladen. Mit einer solchen „modernen" Logistik schaffen Herzog Wilhelm und die Seinen die Grundlage für das Gelingen ihres Feldzugs, aber sie benötigt einen Arbeitsaufwand der nicht unterschätzt werden darf.

Wie viele Kämpfer die Armee, die schließlich bereit steht, umfasst, ist nicht mit Sicherheit zu beziffern und die Einschätzungen gehen beträchtlich auseinander. Wir werden auf diese Frage zurückkommen müssen, wenn es um die Zahl der Kombattanten in der Schlacht bei Hastings geht. Früher wurden gelegentlich viel zu hohe Zahlen angesetzt. Die Schätzungen belaufen sich wohl am richtigsten auf 7.000 bis 10.000, wobei sich neuerdings eine Tendenz abzeichnet, eher etwas höher zu gehen. In dieser Armee befindet sich ein starkes Kontingent Kavallerie, die eigentliche Kerntruppe des Eroberers. Aber wie stark genau? Auch hier sind wir auf Vermutungen angewiesen, die aber sehr wichtig sind, weil der Transport der Pferde übers Meer ein besonderes Problem darstellt, sowohl bezüglich des benötigten Schiffsraums als auch im Hinblick auf die Handhabung des Ausschiffungs-Manövers. Etwa 200 Ritter kann man annehmen. Für jeden drei Reittiere? Demnach müssen wir von etwa 600 Pferden ausgehen.

Zweifellos ist auch die Beschaffung der erforderlichen Flotte ein Organisationsproblem, das nicht ohne Anstrengung gemeistert werden kann. Von etwa 800 Schiffen ist die Rede. Auf dem Teppich von Bayeux sehen wir umfangreiche Werftaktivitäten. Allerdings sind in den normannischen Häfen gewiss schon zahlreiche Fahrzeuge vorhanden, die man nur zusammenholen und zweckentsprechend ausrüsten muss. Ein Neubau ist wohl auf jeden Fall Wilhelms großes „Flaggschiff". Man baut bzw. benutzt übrigens Fahrzeuge, die viel Ähnlichkeit mit den „Wikingerschiffen" vergangener Tage haben. Der Aufbruch dieser Flotte wird fieberhaft vorbereitet.

Vorerst allerdings kann es noch nicht losgehen. Es droht Sturm. Die Schiffe sammeln sich bei Caen in Dives-sur-Mer, wo das damalige Hafengebiet sich heute als eine sandige, weitgehend verlassene Flussmündung darbietet, und von dort aus fährt man zunächst die Küste entlang bis nach Saint-Valéry an der Mündung der Somme. Und hier liegen die Schiffe wiederum fest. Der Wind ist nicht günstig und ein Tag nach dem anderen vergeht – zum wachsenden Verdruss der Soldaten und ihres Oberkommandierenden, der vermutlich große Mühe hat, seine schmerzliche Ungeduld zu bezähmen, denn Warten und Untätigkeit sind zweifellos einfach nicht „sein Ding" …

Allerdings muss man sagen, dass diese Verzögerung sich für die Eroberer als eine glückliche Fügung herausstellen wird. Denn erst beginnen Harolds Küstentruppen abzubröckeln, weil er die Männer nicht unbegrenzt unter Waffen halten kann. Und dann kommt der Angriff aus dem Norden, der ihn zu seinem berühmten „Gewaltmanöver" zwingt und auf dramatische Weise Kräfte kostet. Ohne diese Gegebenheiten wäre der Ausgang der folgenden Ereignisse möglicherweise ganz anders gewesen!

Und dann kommt der Tag, an dem der Wind endlich günstig genug ist, um das Abenteuer zu wagen! Es ist der 27. September 1066. Wilhelms Flotte geht in See. Schiff um Schiff kreuzt das Fahrwasser des Ärmelkanals. Dicht zusammengedrängt verbringen Menschen und Pferde die Überfahrt. Zu ihrem Glück bleibt das Wasser einigermaßen ruhig. Einen prächtigen Anblick muss diese Armada geboten haben, als sie am Morgen durch den Nebel über den Wassern stößt und auf die englische Küste zuhält (Abb. 11).

Die Landung vollzieht sich in einem kleinen Kernbereich und wahrscheinlich darüber hinaus einige Kilometer weit an der Küste entlang, denn zweifellos ist Eile geboten, um etwaigen Abwehrmaßnahmen keine Gelegenheit zur Entfaltung zu geben. Deshalb muss

Abb. 11 Die normannische Flotte vor der englischen Küste.

man die Kräfte auffächern, denn eine größere Zahl von Schiffen kann nicht gleichzeitig auf allzu engem Raum manövrieren. Doch lässt sich das Zentrum der Aktivität wohl rekonstruieren. Es liegt im Bereich von Pevensey, wo die Bedingungen günstig sind. Es scheint nämlich, dass die Küstenformation in diesem Bereich sich in den vergangenen 1.000 Jahren deutlich verändert hat. Das Gelände war damals viel stärker zerklüftet und Zonen, die heute verlandet sind, boten damals offenes Wasser.

Der Legende nach kann Wilhelm „der Eroberer" es nicht erwarten, an den Strand zu kommen, deshalb stolpert er und stürzt der Länge nach hin. Sein Gefolge sieht es mit Schrecken, denn die Normannen und ihr Anführer sind genauso abergläubisch wie fast alle Menschen ihrer Zeit und können einen solchen Vorfall nur als böses Omen deuten. Der Herzog zeigt sich aber als Herr der Situation. Er steht auf und hebt beide Hände voller Sand empor, dazu ruft er mit lauter Stimme: „So packe ich England und werde es nicht wieder loslassen!"

Rasch vollzieht sich die Ausschiffung. Menschen, Pferde, Ausrüstung und Material werden zügig an Land gebracht. Um die Art und Weise, wie die Rösser ans Ufer kommen, gibt es allerdings heiße Diskussionen unter den heutigen Forschern. Auf dem Teppich von Bayeux sieht es aus, als sprängen die mächtigen Tiere einfach über die Bordwand ins flache Wasser. Das aber kann nach Meinung von Menschen mit „Pferdekenntnis" nur eine grobe Vereinfachung sein. Ein solcher „Ausstieg" wäre gänzlich gegen die Eigenart der Tiere und würde sie außerdem ernstlich gefährden. Es muss also wohl so etwas wie Rampen oder Planken gegeben haben, damit eine „artgerechte" Ausschiffung möglich ist.

Nun ist Wilhelms Invasionsarmee an Land. Das große Abenteuer der Eroberung hat begonnen. Ein Zurück kommt nicht mehr in Frage. Von jetzt an zählt jede Minute. Jeder Schritt muss wohl berechnet sein. Selbst ein kleiner Fehler kann vernichtende Folgen haben. Was in den folgenden Tagen geschieht, mag hier nun als knappe Zusammenfassung aufgelistet werden, um uns einen Begriff vom Tempo und der Atemlosigkeit der Ereignisse zu geben …

„Countdown" zur Entscheidung – von der Landung bis zur Schlacht

28. September 1066
Kurz nach Sonnenaufgang landet Herzog Wilhelm mit seinen Truppen in Pevensey, East Sussex sowie wohl auch an weiteren Orten in der Nähe. Männer und Pferde gehen von Bord. Keine Feindberührung.

29. September
Eilig wird in den römischen Kastell-Ruinen von Pevensey eine Festung mit Palisaden errichtet. Eine erste Basis, notfalls als Rückzugsmöglichkeit. Weitere Stützpunkte werden begonnen. Erkundung in Richtung Hastings. Nachricht vom Sieg König Harolds bei Stamford Bridge.

30. September
Wilhelm verlegt sein Hauptquartier nach Hastings und lässt dort Befestigungen errichten. Diese Hafenstadt wird seine eigentliche Ausgangsbasis, denn von hier aus läuft die alte Römerstraße über Maidenhead nach London. Auch die Schiffe werden nun hier gesammelt.

1. Oktober
Die Normannen und ihre Hilfstruppen plündern in der Gegend von Hastings, um sich mit Lebensmitteln zu versorgen. Es wird aber auch von Vandalismus, Mord und Vergewaltigung berichtet.

2. Oktober
Weitere Verwüstungen durch die Normannen. Sie treffen auf keine gegnerischen Kräfte, die ihnen Einhalt gebieten könnten. Heftige Erbitterung in der Bevölkerung von East Sussex.

3. Oktober
Harold weiß jetzt, was im Süden vor sich geht, und führt seine Truppen mit großer Hast dem neuen Kriegsschauplatz entgegen. Wilhelm wartet ab und macht keine Anstalten, auf London zuzumarschieren, was eigentlich als nächster Schritt zu erwarten wäre.

5. Oktober
Während Harold südwärts zieht, werden neue Streitkräfte für ihn gesammelt: Neben der noch von der Schlacht geschwächten Kernarmee mit der gut ausgerüsteten Truppe der *„Housecarls"*

treten die „*Thegns*" (einfacher Adel, landbesitzende Bauern) für ihn an und es sammeln sich Kontingente der „*Fyrds*" (Miliztruppen aus der Landbevölkerung).

6. Oktober
Harold erreicht Waltham Abbey, wo er Halt macht und vor einem als wundertätig geltenden Kruzifix betet. Kurzer, hektischer Austausch von Botschaften zwischen ihm und Wilhelm. Kein Ausweg in Sicht ...

7., 8. und 9. Oktober
Weitere Vorbereitungen bei den Angelsachsen und Abwarten bei den Normannen. Harold ist nun in London.

10. Oktober
Harold gibt Marschbefehl, obwohl seine Truppen noch nicht völlig erholt sind und wichtige Kontingente aus mehreren Teilen des Landes noch fehlen. Was ist sein Motiv? Fürchtet er, Wilhelm könne ins Zentrum des Landes vordringen und dort eine unerschütterliche Versorgungsbasis gewinnen? Oder hofft er, die Überraschungstaktik von Stamford Bridge wiederholen zu können?

11. Oktober
Abmarsch der königlichen Armee von London auf der Straße nach Dover, von der eine Abzweigung nach Hastings führt. Trotz Erschöpfung und unvollständiger Truppenstärke scheint die Stimmung im Heer gut zu sein.

12. Oktober
Harolds Armee überquert den Medway bei Rochester und marschiert auf Hastings zu. Wilhelm und sein Heer bereiten sich auf die Schlacht vor, wobei sie sich nicht sehr weit von ihrer Basis entfernen werden, ein Vorteil. Dem steht als Nachteil gegenüber, dass Harold gerade in Sussex gut mit dem Gelände vertraut ist.

13. Oktober
Der Tag vor der Schlacht. Harolds Truppen sammeln sich am vereinbarten Treffpunkt auf Caldbec Hill. Falls er noch immer die Hoffnung auf einen Überraschungsangriff gehegt hat, muss er diese nun aufgeben. Die Kundschafter der Normannen haben ihren Gegner bereits entdeckt und Wilhelms Armee ist schon in Reichweite. So wählt Harold einen günstigen Standort, wo er den Angriff des Gegners erwarten und ihm die Stirn bieten will. Alle Beteiligten wissen: Die Schlacht steht unmittelbar bevor!

„Moderne" Aspekte

Es ist erstaunlich, wie sehr manche Züge dieses Geschehens an Effekte moderner Zeit denken lassen: propagandistische Äußerungen, „Stimmungsmache", ja fast so etwas wie psychologische Kriegsführung.

Da meldet sich Erzbischof Stigand von Canterbury zu Wort und bekräftigt, die Krönung Harolds sei rechtmäßig gewesen. Also steht dieses Faktum im Zweifel! Wilhelm dehnt daraufhin die Anklage des Eidbruches auch auf den Kirchenmann aus.

Der Hass der beiden Anführer ist unversöhnlich, sodass jede Vermittlungshoffnung scheitern muss. Inzwischen wird das Gerücht, der Papst habe den König exkommuniziert, zweifellos von normannischer Seite forciert, für Harold zu einer echten Bedrohung. Denken wir an Heinrich IV. und Canossa! Wahrscheinlich geschieht es, um dieser Gefahr entgegenzuwirken, dass er sich von geistlichen Würdenträgern aus Waltham Abbey ins Feld begleiten lässt, die eindeutig auf seiner Seite stehen.

Die Person des Königs wird zur Zielscheibe! Wohl aus diesem Grund schlägt Harolds Bruder Gyrth vor, er wolle an dessen Stelle das Heer in die Schlacht führen: Ihm haftet nicht das Odium des Eidbrechers an, und im Falle einer Niederlage bliebe der König weiterhin handlungsfähig. Es spricht für Harolds Selbstvertrauen, dass er strikt ablehnt.

Ein Krieg der Behauptungen! Die gegenseitigen Vorwürfe werden bekräftigt. Beide Gegner pochen auf ihr Recht. Wilhelm betont immer wieder, er betrachte die kommende Schlacht als Gottesgericht. Angeblich schlägt er sogar eine Entscheidung durch Zweikampf vor. Im Vollgefühl seiner moralischen Position? Oder möglicherweise in der richtigen Kalkulation, dass der Throninhaber darauf nicht eingehen wird? Jedenfalls ein „Minuspunkt" für Harold!

Die Gegner: Bewaffnung und Kampfesweise

Die *Kämpfer* beider Seiten sind sich zum Teil sehr ähnlich, teils bieten sie aber auch ein deutlich unterschiedliches Erscheinungsbild. Der Teppich von Bayeux – auch hier eine Quelle von hoher Bedeutung! – zeigt uns die Phalanx des angelsächsischen Heeres fast ebenso gerüstet und bewaffnet wie die angreifenden Normannen. Deutlich sehen wir Wilhelms Ritter (Abb. 12), seine schwere Kavallerie, deren Rolle in der Schlacht besonders hervorgehoben wird. Auf der Gegenseite haben wir vor allem die *„Housecarls"*, eine Eliteeinheit, die aus der königlichen Leibgarde hervorgegangen ist.

Die Normannen kämpfen mit Schwert und Lanze, die Angelsachsen vorzugsweise mit der gefürchteten langen Streitaxt. Sonst sind sie mit ganz ähnlichen Kettenhemden, Helmen und Schilden versehen. Hat man in England das berühmte Vorbild übernommen? Oder gibt es einige Jahre nach dem Ereignis, als der Teppich entsteht, keine genauen Kenntnisse mehr vom Aussehen der Besiegten? Jedenfalls sind Struktur und Kampfesweise der beiden Armeen deutlich unterschieden. König Harold muss nach den Verlusten von Stamford Bridge seine Truppen in höchster Eile neu formieren. Dabei stützt er sich gewiss wieder auf die verlässlichen wenn auch geschwächten *„Housecarls"*, aber auch auf weitere Fußtruppen (Abb. 13) wie die ebenfalls kampferprobten *„Thegns"*, ein Aufgebot von einfachem Adel oder Bauern mit eigenem Landbesitz, und außerdem auf die ländliche Miliz (*„Fyrth"*), die von Fall zu Fall aufgeboten wird und vermutlich eher schwach gerüstet ist.

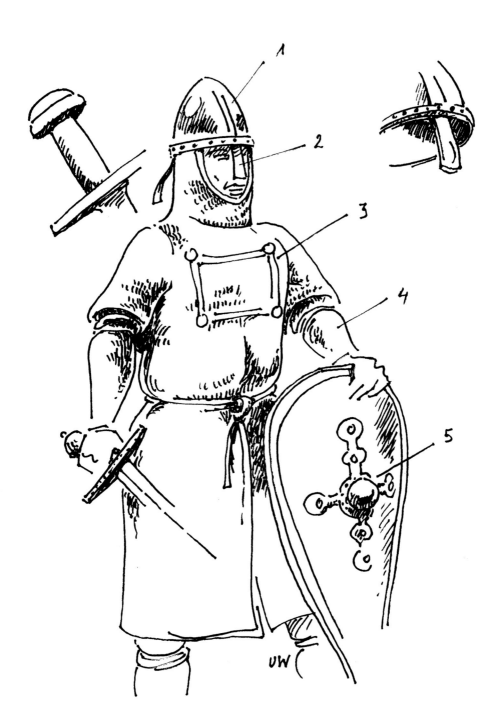

Unter den Normannen sind Wilhelms Ritter am besten ausgestattet. Von ihrem Einsatz verspricht man sich die entscheidende Wirkung. Außerdem gibt es aber auch hier Hilfstruppen wie die „verbündeten" Kontingente und schließlich die auswärtigen Söldner. Wie diese aussahen und bewaffnet waren, können wir nur vermuten.

Abb. 12 Normannischer Ritter in Kampfausrüstung.

1.) Der Kopf wird durch einen konischen Helm geschützt, der entweder als Spangenhelm (aus einzelnen Segmenten mit Stegen bzw. in direkter Verbindung) genietet oder aus einem einzigen Stück Eisen getrieben ist.

2.) Ein charakteristisches Detail: Das „Nasal" ein geschmiedeter Nasenschutz, gewöhnlich extra gearbeitet und angefügt.

3.) Das größte – und gewichtigste – Stück der Ausrüstung ist die „Hauberk" (Kettenhemd), eine Art Mantel aus „gepanzertem" Material, auch „Ringelhemd". Diese Rüstung umfängt den Leib und reicht bis etwa zum Knie; die Arme sind von den Schultern bis zum Ellenbogen geschützt; am Hals ist oft eine Art Kapuze angearbeitet, mit der auch ein Mundschutz verbunden sein kann. Uneinigkeit besteht über die Funktion des Rechtecks vor der Brust, das auf manchen alten Darstellungen zu sehen ist. Ist es eine schützende Verstärkung? Oder ein Teil eines Mund- und Kehlschutzes, der nach oben geklappt und dort festgezurrt werden kann? Oder die Abdeckung für einen Schlitz, der es erleichtert, das Kettenhemd über den Kopf zu ziehen? Für den Reiter ist das Kettenhemd unterhalb der Hüfte vorne und hinten geschlitzt, sodass die Seitenteile rechts und links die Schenkel schützen. Um den Leib wird ein Gurt getragen, der auch als Schwertgehänge dient. Wichtig ist, dass solche Kettenhemden „in Form gehalten" werden und ihrem Träger die volle Bewegungsfreiheit bleibt! Als „untergelegte" Ergänzung sind wattierte oder aus Leder gearbeitete Schutzwesten sowie Arm- und Beinpolster zu vermuten, weil der Kettenpanzer flexibel ist und nicht jeden Hieb oder Stich völlig abfangen kann. Neben Kettenhemden (auf dem Teppich von Bayeux die Regel) sind auch Schuppen- oder Lamellenpanzer denkbar.

4.) Für Arme und Beine gibt es gesonderte „Überzieher", die mit Riemen festgeschnürt werden.

5.) Der Schild ist meist „drachenförmig" (engl.: *„kite"*), d. h. wie ein Flugdrachen, oben breit und unten in einer Spitze auslaufend.

Und ganz darunter? Wahrscheinlich Leinenhemd und weite Unterhosen, Wollstrümpfe und/oder gewickelte Gamaschen. Die Schuhe sind aus Leder und offenbar ungepanzert.

Diese Ausrüstung darf für das 11. Jh. als besonders fortschrittlich gelten. Sie ist typisch für den normannischen Ritter und verleiht ihm überlegene Kampfkraft, wird aber nach und nach auch in anderen Ländern üblich und ist – nach dem Teppich von Bayeux – speziell für die angelsächsischen *„Housecarls"* bereits eingeführt.

Eine Hauptwaffe der normannischen Ritter ist die Lanze, zumindest beim ersten Ansturm in massiver Formation, der die gegnerischen Reihen ins Wanken bringen soll. Wird zu diesem Zweck die Lanze unter dem Arm eingelegt geführt? Der Teppich zeigt diese Kampfesweise kaum. Dort sieht man die meisten Ritter diese Waffe über dem Kopf heben, um damit auf den Gegner hinabzustoßen. Einige scheinen sie sogar zu werfen.

Schusswaffen wie Bogen und Armbrust werden offenbar nur von Fußtruppen und speziell von den „Plänklern" benutzt, die der Hauptmacht des Heeres vorausgeschickt werden.

Einen grundsätzlichen Unterschied gibt es in der Kampfesweise: Die normannische Kavallerie zieht wahrscheinlich zu Fuß in die Schlacht und schont ihre Streitrosse für den Kampf, während die Angelsachsen wohl beim Aufmarsch Pferde benutzen, dann aber ihre „Schildwall"-Formation zu Fuß bilden. Dieser Gegensatz bestimmt die Wahl der Ausgangspositionen und gibt dem Ablauf der Schlacht seine merkwürdig ungleiche Charakteristik.

Abb. 13 Angelsächsischer Krieger in Kampfausrüstung.

Hier wird bewusst eine ziemlich „altmodische" Ausrüstung gezeigt, wie sie vielleicht von einem weniger begüterten „*Thegn*" getragen wird. Die Elitetruppen der Angelsachsen, besonders die „*Housecarls*", sind offenbar in ihrer ganzen Ausstattung den normannischen Rittern so ähnlich, dass man sie kaum von ihnen unterscheiden kann. Der hier gezeigte Kämpfer trägt hingegen einen

1.) Helm mit Schutzspangen um die Augen („Brillenhelm"), wie er aus der Tradition der Wikinger kommt. Vielleicht ein Beutestück aus früheren Kämpfen, wie es in nicht besonders wohlhabenden Familien vom Vater auf den Sohn übergehen könnte.

2.) Eine ebenfalls altertümlich wirkende „Hauberk" (Kettenhemd), die auf eine Art Mantel aus Leder gearbeitet ist.

3.) An den Ärmeln werden zum Schutz aufgesteppte lederne Schutzflecken getragen.

4.) Hauptwaffe: kein Schwert, sondern die berüchtigte langstielige Kampfaxt der Angelsachsen, die viele auch mit dem linken Arm handhaben können (zur Irritation des Gegners, der sich dagegen mit dem linksseitig getragenen Schild nur schwer schützen kann). Diese Axt, beidhändig geführt, soll imstande sein, ein Pferd niederzuschlagen.

5.) Der Rundschild ist ebenfalls weniger „modern" als der unten spitz zulaufende der Normannen, der im Jahre 1066 auch von vielen angelsächsischen „*Housecarls*" getragen wird.

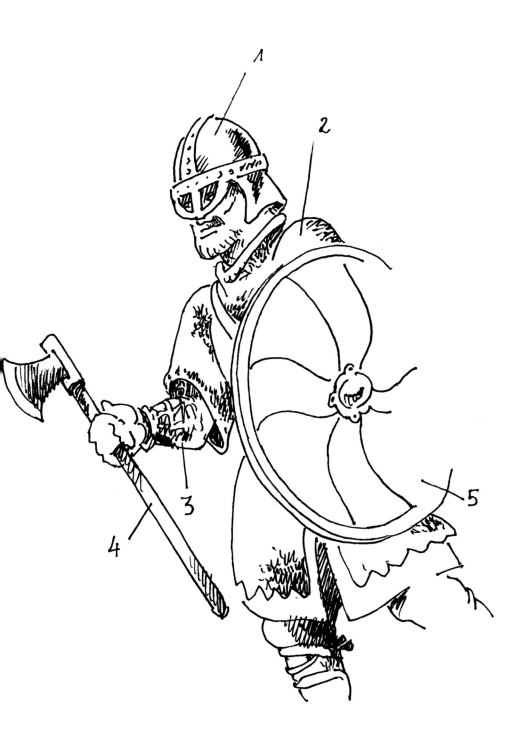

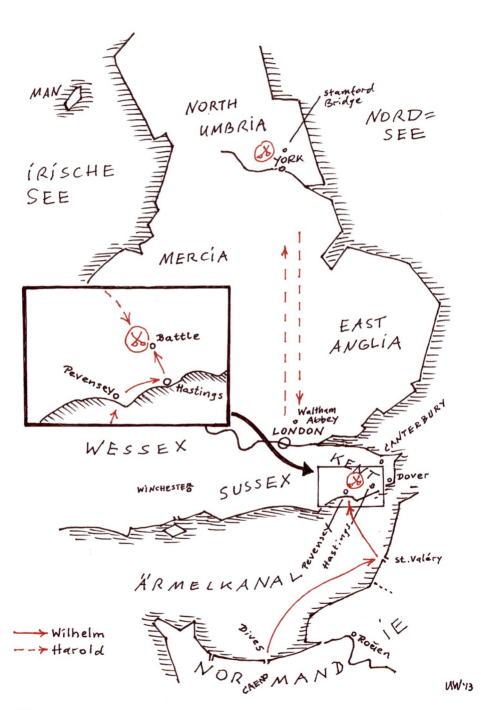

Zum Kampf bereit

Wir haben die Kontrahenten in einer Situation verlassen, in der noch „alles offen" ist (Abb. 14): König Harold kommt von Norden. Er hat die gewonnene Schlacht von Stamford Bridge hinter sich. Seine Armee ist dezimiert und erschöpft. Trotzdem hat er es eilig, die neue Konfrontation auf sich zu nehmen, denn man hat ihm gemeldet, dass die Normannen die Gegend um Hastings verwüsten und den Bau neuer Festungen begonnen haben. Das kann er nicht zulassen, wenn er sein Königtum behaupten will. Herzog Wilhelm zieht ihm von Süden entgegen. Er braucht eine rasche Entscheidung, denn sonst steht er ohne ausreichende Ressourcen im Feindesland und der Winter ist nicht mehr fern. Außerdem hat Harold, wie man hört, seine Flotte ausgeschickt, um einen Rückzug der Eindringlinge über See unmöglich zu machen. Wilhelm muss also auf Entscheidung drängen und er braucht unbedingt einen Sieg! Harold könnte sich mit einem Patt zufrieden geben, wenn er nur den Gegner zum Stehen bringt. Er könnte sich zurückziehen und eine neue Armee ausheben. Schließlich stehen Adel und Bevölkerung auf seiner Seite. Diese unterschiedlichen strategischen Voraussetzungen haben großen Einfluss auf das taktische Vorgehen der beiden Heerführer.

13. Oktober: Vorabend der Schlacht. Beide Heere wissen, dass der Gegner nahe ist. Harold hat ein Gebiet erreicht, in dem er sich gut auskennt, weil er in dieser Gegend persönlichen Besitz hat. Er hat seine Kerntruppe so gut wie möglich neu formiert und sie durch bewaffnete Bauern aus der Gegend verstärkt. Wie groß dieses Heer einzuschätzen sei, ist allerdings eine jener Streitfragen, mit denen die Forschung derzeit nicht an ein Ende kommt. Normannische Chronisten neigen offenbar dazu, die Stärke des Gegners zu übertreiben, um dadurch die Siegesleistung der eigenen Seite zu unterstreichen. Gleichzeitig heben sie allerdings die Uneinheitlichkeit und die schlechte Moral der gegnerischen Truppe hervor. Der Verlauf der Schlacht wird jedoch zeigen, dass Harold sich auf seine Leute weitgehend verlassen kann. Was konkrete Zahlen angeht, sind sehr unterschiedliche Vermutungen geäußert worden; letztlich tappt man im Dunkeln – genauso wie beim Heer der Normannen. Üblich ist es geworden, eine Stärke von etwa 7.000 Mann auf beiden Seiten anzunehmen. Neuerdings zeigt sich allerdings die Neigung, mit dieser Schätzung etwas höher zu gehen: 8.000–10.000. Dabei dürfte es vernünftig sein, von einem ungefähren Gleichstand der Stärke auszugehen. Wie sonst könnte man sich erklären, dass der Kampf sich über etwa neun Stunden hinzieht und einen großen Teil dieser Zeit hindurch keine Entscheidung abzusehen ist. „Ein knappes Rennen" wird es sein. *„A close run thing"*.

Abb. 14
Der Weg nach Stamford Bridge und
Hastings, Übersichtskarte der Flottenkurse
und Anmarschbewegungen.

„Tomorrow in the Battle Think on Me."
William Shakespeare: Richard III., *5. Akt, 3. Szene*

„Morgen, in der Schlacht ...

… denk an mich!" Das hört in Shakespeares Drama König Richard III. von den Geistern der Menschen, die er seinem Ehrgeiz geopfert hat. Mag sein, dass Harold und Wilhelm sich generell eines guten Schlafes erfreuen, aber vielleicht doch nicht in dieser Nacht. Am kommenden Tag, so weiß jeder von ihnen – und so wissen es alle in beiden Heeren – steht eine mörderische Kraftprobe bevor, der entscheidende Kampf, der vielen von ihnen den Tod bringen wird.

Diese Nacht, für manchen also die letzte, sollen die Normannen diszipliniert und im Gebet verbracht haben. Von den Angelsachsen hingegen heißt es, sie hätten leichtsinnig und in wenig christlichem Geiste gezecht und dabei lockere Lieder gesungen. Aber es sind Stimmen von normannischer Seite, die so sprechen, und es ist gut möglich, dass es sich dabei um tendenziöse Berichte handelt, also wieder um „Propaganda", Geschichtsschreibung der Sieger, der leider keine entsprechenden Stellungnahmen von angelsächsischer Seite gegenüberstehen.

Endlich geht die Nacht zu Ende. Bei den Normannen wird noch bei Dunkelheit eine Messe abgehalten. Sollte es bei den Angelsachsen nicht ebenso gewesen sein? Dann nehmen beide Heere ihre Ausgangsstellung ein und treffen letzte Vorbereitungen. Und es schlägt die „Stunde der Wahrheit" …

Ein blutiger Tag

Mit einem scharfen, schwirrenden Laut verlässt der Pfeil die Bogensehne. Er beschreibt eine ansteigende Flugbahn, senkt sich dann wieder herab und schließlich trifft er auf. Wahrscheinlich bleibt er im Erdboden stecken oder er bohrt sich in einen der Schilde, die abwehrend erhoben werden. Genau wie die zahlreichen anderen, die mit ihm geflogen sind, vermutlich ein ganzer Pfeilregen, der sich auf sein Ziel stürzt wie ein Schwarm zorniger Hornissen. Gegen die erste Salve werden die Beschossenen sich gut geschützt haben. Doch nun folgen weitere Pfeile und Armbrustbolzen, dicht auf dicht, und bald fließt Blut, bald gibt es die ersten Verwundeten und Toten. Es ist Samstag, der 14. Oktober 1066. Etwa 9 Uhr morgens. Die Schlacht hat begonnen!

Dass bereits in diesen wenigen Sätzen so viel Ungewissheit signalisiert wird (wahrscheinlich, vermutlich, annehmen), ergibt sozusagen ein Grundmotiv der folgenden Ausführungen. Kaum einem Ereignis der älteren englischen Geschichte wird so hohe Bedeutung zugemessen wie der Schlacht von Hastings, aber es gibt auch wenige andere, die so sehr von offenen Fragen, Zweifeln und Meinungsverschiedenheiten betroffen sind. Einigkeit besteht im Grunde nur über das Datum (obwohl es auch da andere Nennungen gibt) sowie über die Tatsache, dass die Normannen den Sieg davongetragen haben. Praktisch alles andere ist durchzogen von Spekulationen und Kontroversen. Sogar der genaue Ort steht in Frage (S. 88f.). J. Bradbury schreibt: „Was uns bei den Quellen über Hastings am meisten fehlt ist ein Augenzeugenbericht."* In der Tat: Die mittelalterlichen Schilderungen – und es gibt deren nicht wenige – stammen alle aus zweiter Hand; manche sind erst deutlich nach dem Ereignis geschrieben und die meisten wurden aus stark parteilichem Blickwinkel verfasst. Am ausführlichsten äußert sich Wilhelm von Poitiers in seiner *„Histoire de*

Guillaume le Conquérant („Geschichte Wilhelms des Eroberers"), die wohl zwischen 1072 und 1074 entstanden ist. Der Autor war Kaplan des Eroberers und hat zumindest Männer befragen können, die Teilnehmer der Schlacht gewesen sind. Aber auch seine Darlegung ist mit Vorsicht zu genießen, denn gerade die Nähe zu seinem Herrn birgt zweifellos die Gefahr der Voreingenommenheit, wenn nicht gar die Möglichkeit ganz direkter Einflussnahme. Manche anderen Quellen fassen ihr Thema zu knapp oder sind eher dichterisch angelegt; es gibt offene Widersprüche und bedauerlicher Weise fehlt es uns an ergiebigen Aussagen von angelsächsischer Seite. So kommt es, dass in vielen Punkten Unklarheit herrscht. Kann man auf diese Art denn überhaupt zu einem schlüssigen Bericht kommen? Viele Autoren neuerer Zeit haben sich darum bemüht und tun es weiterhin. Die Zahl der veröffentlichten Stellungnahmen ist Legion. Es sind viel Scharfsinn und profunder Sachverstand in die Rekonstruktion der Schlacht investiert worden, wobei aber die Ergebnisse keineswegs übereinstimmen. Wenn man in dieser Wirrnis seinen Weg sucht, muss man, wie D. Howarth über die mittelalterlichen Berichte schreibt, „entscheiden, welcher am wahrscheinlichsten ist, welcher Autor am meisten Grund hatte, die Wahrheit zu kennen – oder welcher andererseits Grund hatte, sie zu verdrehen."*

Dennoch halte ich im Großen und Ganzen den „herkömmlichen Ansatz" für tragfähig, wobei freilich einige Varianten zu berücksichtigen sind und einige Fragen offen bleiben. In dieser Grundlinie schließe ich mich gerne J. Bradbury an, dessen Buch nicht nur eines der neuesten ist, sondern in vielen Details auch eine durchaus überzeugende Darstellung bietet.

Dämmerung

Der Morgen des 14. Oktobers ist wahrscheinlich kühl und neblig. Für diese Gegend Englands im Herbst beinahe üblich. Meist dringt die Sonne erst nach einiger Zeit durch den Dunst. Dann jedoch wird es ein klarer Tag. Der Herzog und seine Truppen stehen zum Angriff bereit. Wilhelms Heer ist in drei Kolonnen aufgestellt: im Zentrum die normannische Hauptmacht, links (westlich) die Bretonen und rechts (östlich) die „Franzosen", zu denen aber auch alle Übrigen zählen. Ehe der Herzog den Angriff befiehlt, hält er eine kurze Rede, in welcher er zweifellos seine Truppe zur Tapferkeit ermahnt und auf den Sieg einschwört. Rückzug kommt nicht in Frage. Außerdem bekräftigt er wohl noch einmal sein Anrecht auf die englische Krone. Gewiss pocht er auf den Segen Gottes, vergegenwärtigt durch das Kreuzbanner und die mitgeführten Reliquien. Und er vergisst wohl kaum, die Aussicht auf Beute hervorzuheben, sowohl für seine eigenen Leute als auch für die Söldner und „Glücksritter", die sich ihm eigentlich nur wegen dieses Aspektes angeschlossen haben. Dann schickt er die Plänkler vor, die Bogen- und Armbrustschützen, die auf dem Teppich von Bayeux dargestellt sind (Abb. 15). Und jetzt also fliegt jener erste Pfeil.

Die Angelsachsen stehen zu diesem Zeitpunkt bereits auf ihrem Hügel bereit, um den sich das ganze Schlachtgetümmel konzentrieren wird. Harold setzt ganz auf Abwehr. Er hat die erste Reihe an die Oberkante des Abhangs postiert. Hier zeigt sich die Formation, die als „Schildwall" berühmt ist: So dicht nebeneinander stehen die Kämpfer, dass ihre Schilde eine fast undurchdringliche Mauer bilden. Wahrscheinlich sind die „*Housecarls*" als Kerntruppe aufgestellt. Die Stellung hat für die Defensive einen offensichtlichen Vorteil: Der Gegner muss aufwärts kämpfen und immer wieder zum Angriff antreten. Es ist das Sinnvollste, was Harold tun kann. Der König selbst bezieht Stellung an gut sichtbarer Stelle. Auch er führt Feldzeichen, die seine Gegenwart repräsentieren und seinen Anspruch verkörpern. Auch Harold verzichtet gewiss nicht auf eine Rede. Vermutlich betont er sein Königsrecht und prangert die frevlerische Raubgier des Feindes an. Und er wird betonen, dass seine Truppen für ihre Familien sowie für Haus und Hof kämpfen. Wie üblich wird wohl der Kampf-Eid der Angelsachsen erneuert: tapfer auszuharren, selbst wenn ihr Anführer fallen sollte …

Abb. 15   Hastings: Plänkler mit Pfeil und Bogen eröffnen die Schlacht.

Eröffnung

Es ist soweit: Die Vortrupps der Normannen greifen an. Durch das taufeuchte Gras schwärmen sie den Abhang hinauf: Empor gegen den Schildwall! Den ganzen Tag über wird es nun so sein, etwa neun Stunden lang; die Normannen stürmen gegen den Hügel, zuerst mit Fußtruppen, dann mit ihrer Reiterei. Die Angelsachsen stehen fest, wie angewurzelt auf der Höhe und wehren stoisch eine Attacke nach der anderen ab. Nach normannischer Vorstellung eine seltsame Schlacht, in der die einen nur am Platze verharren und die anderen die ganze Bewegung übernehmen. Aber genau das ist Harolds Plan: Die Schwäche seiner Truppen durch die vorteilhafte Position auszugleichen. So kann er

Abb. 16   Hastings: Attacke der normannischen Ritter.

zwar keinen vernichtenden Triumph erringen, hat aber gute Chancen, eine Niederlage zu vermeiden. Wilhelm hingegen kann nichts anderes tun, als die Herausforderung so anzunehmen, wie sie ihm geboten wird. Er greift an – ohne Rücksicht auf Verluste! Lange bleibt der Ausgang unentschieden und die Normannen können keinen klaren Vorteil gewinnen. So reiben sich die Angreifer auf an einer Front aus Schilden, Schwertern und Äxten. Die Angelsachsen sollen so dicht gestanden haben, dass Tote und Verwundete nicht zu Boden fallen konnten. Vermutlich eine „dichterische" Übertreibung. Genau wie die Behauptung, ihre Schilde hätten sich ohne Lücke „überlappt"; bei so enger, geradezu „dachziegelartiger" Verbindung wäre kein Raum für Schwertstreiche und Axthiebe. Dennoch muss eine solche „Menschenmauer" eine imposante, geradezu einschüchternde Wirkung haben. Wahrscheinlich sind Harolds Streitkräfte so aufgestellt, dass die bäuerlichen Hilfstruppen untermischt sind mit kampferprobten Kriegern, die den weniger erfahrenen und teils wohl recht jungen Nachbarn Anweisungen geben und Mut zusprechen.

Zusammenprall

Dies ist also die erste Phase der Schlacht. Der Teppich von Bayeux zeigt uns sowohl die Bogenschützen als auch die Vorstöße der Kerntruppe, vor allem aber die darauf folgenden Reiterattacken. Dass Wilhelm von Poitiers als Berichterstatter vor allem Interesse an den Aktionen der Ritter zeigt, entspricht seinem „höfischen" Blickwinkel: Nur was der Adel tut, zählt wirklich.

Der erste ernsthafte Ansturm der Normannen (Abb. 16) und danach jeder weitere werden blutig abgeschlagen. Nun sind wir mitten im Getümmel. Lanzen, Schwerter und die gefürchteten Äxte der „*Housecarls*" sind in Aktion. Es heißt, sie hätten mit einem Streich ein Pferd niederstrecken können. Schmerzensschreie und Todesröcheln, übertönt vom Waffenlärm und vom Kriegsgebrüll der beiden Heere. Die Angelsachsen schreien „*Olicrosse!*" (Heiliges Kreuz!) und „*Godamite!*" (Allmächtiger Gott!), die Normannen haben den Schlachtruf „*Dex Aie!*" (Gott hilf uns!).

Es ist zweifellos ein großer Nachteil für Wilhelm und seine Kavallerie, dass gerade diese Truppe, die große Stärke des Normannenheeres, auf dem ungünstigen Gelände ihre eigentlichen Möglichkeiten kaum entfalten kann. Die Reiter müssen ihre Pferde gewaltsam die Böschung hinauf zwingen. Wenn sie dann auf den Gegner treffen, haben sie den besten Schwung verloren. So können die Ritter kaum mit eingelegter Lanze angreifen. Gerade das aber würde, dank der Steigbügel, die festen Sitz im hohen Sattel verleihen, dem Ansturm jene Wucht geben, mit der sie die Phalanx durchbrechen könnten. Auf dem Teppich von Bayeux sehen wir vor allem eine andere Kampfesweise, nämlich dass die Ritter ihre Lanzen über den Kopf halten und offenbar damit schräg abwärts zustechen. Ein weitaus weniger Erfolg versprechendes Vorgehen, das aber wohl vom Gelände erzwungen wird.

So geht es über Stunden! Immer wieder Angriff und Rückzug. Wir hören von Einzelkämpfern, die sich zwischen den Fronten duellieren. Aber auch das bringt keine Entscheidung. Hier und da zeigt sich bei den Normannen wohl bereits Erschöpfung, weil das Kämpfen gegen einen höher stehenden Gegner viel Mut verlangt und Kräfte fordert. Wenn es so weitergeht, scheint eine Niederlage des Herzogs unvermeidlich ...

Wendepunkt

Dies ist der Moment, den Bradbury den „Punkt der Krise für Wilhelm" nennt. Einige der Hilfstruppen im normannischen Heer beginnen offenbar, den Mut zu verlieren. Wird jetzt ein allgemeiner Rückzug einsetzen? Das wäre die Niederlage für die Invasoren. Und gerade jetzt macht ein Gerücht die Runde, das leicht die fatale Entwicklung besiegeln könnte:

Der Ruf wird laut, der Herzog sei gefallen! Möglicherweise dadurch ausgelöst, dass sein Pferd unter ihm getötet worden ist. Jetzt droht kopflose Flucht!

Es wird berichtet und auch auf dem Teppich von Bayeux dargestellt, dass Wilhelm seinen zurückweichenden Gefolgsleuten in den Weg reitet und ihnen sein Gesicht entblößt (vgl. Abb. 1 und 8), dabei ruft er ihnen heftige Worte zu: „Ich lebe noch. Mit Gottes Hilfe werden wir siegen. Welcher Wahnsinn bringt Euch zum Flüchten? Wenn ihr das tut, wird kein Einziger entkommen!" Oder ähnlich. Ob zu langen Ausführungen Gelegenheit war, darf bezweifelt werden. Jedenfalls gelingt es ihm, seine Armee zum Stehen zu bringen. Und dies ist der entscheidende Augenblick! Die Truppe rafft sich erneut zum Angriff auf. Das bekommen zahlreiche Angelsachsen zu spüren, welche die vermeintliche Flucht ihres Gegners ausnutzen wollen, ihre sichere Stellung aufgegeben und die Verfolgung riskiert haben. Sie werden niedergemacht. Damit ist Harolds Taktik durchbrochen und die so entstehenden Verluste werden verhängnisvoll sein.

Was da geschieht, wird von den Historikern kontrovers gesehen: Hat Wilhelm den Effekt planmäßig benutzt – und das vielleicht sogar mehrmals? Man nennt diese Taktik „Scheinflucht": Truppenteile ziehen sich plötzlich zurück und erwecken den Eindruck, dass sie den Kampf verloren geben. Daraufhin setzt beim Gegner Übermut ein und seine Formation löst sich auf. Siegesrausch und Beutegier machen selbst erfahrene Kämpfer blind dafür, dass man ihnen eine Falle stellt. Im Gegenzug werden sie dann rettungslos niedergemetzelt. Dieser Trick wird in Kriegsberichten der Epoche erwähnt und gewiss ist er mit Erfolg angewandt worden – aber wie oft? Es sind durchaus Zweifel angebracht. Das Schwierige an dieser Taktik ist nämlich, sie „im Griff" zu behalten, und stets droht die Gefahr, dass aus der scheinbaren Flucht eine echte wird. Außerdem müsste man bei wirklich häufigem Gebrauch einer solchen List eigentlich vermuten, dass sie auch auf der anderen Seite bekannt sei und diese entsprechend auf der Hut bleibe. Oder setzt in der Hitze des Kampfes das logische Denken einfach aus? Wie es auch immer ist: Nach diesen Einbrüchen ist die angelsächsische Armee bedenklich geschwächt und der Schildwall (Abb. 17), ihre anfangs so unbezwingbare Formation, beginnt zu wanken.

Endkampf

Jetzt fassen die Normannen wieder Mut und gehen erneut zum Angriff vor. Noch immer ist die Abwehrstellung schwer überwindbar, aber zunehmend gelingt es nun Wilhelms Kämpfern, Lücken zu schlagen und in den Kern der Formation vorzudringen. Im anonymen „Lied von der Schlacht bei Hastings" wird besonders der gemeinsame Kampf des Grafen Eustache von Boulogne mit dem Herzog hervorgehoben: Durch die Schwerter dieser beiden seien die Gegner vom Schlachtfeld gefegt worden. Anbiederung oder Tatsache?

Abb. 17　Hastings: Der „Schildwall", die Abwehrformation der Angelsachsen.

Jedenfalls kommt jetzt der Anfang vom Ende! Sind in dieser Phase der Schlacht Harold und seine beiden Brüder Gyrth und Leofwin, die mit ihm kämpfen, ums Leben gekommen? Auch um diese Frage ranken sich Kontroversen. Wird doch andererseits überliefert, der König sei bereits zu Beginn der Schlacht gefallen. Oder ist damit gemeint: In vorderster Reihe kämpfend? Ferner bleibt fraglich, auf welche Art genau er zu Tode kommt, und auch die Darstellung auf dem Teppich von Bayeux wirft Probleme auf, obwohl sie mit einer erklärenden Beischrift versehen ist. Wird Harold von einem Pfeil ins Auge getroffen? Oder wird er von einem Ritter mit dem Schwert niedergestreckt? Oder zuerst das eine und dann das andere? Hierzu muss berücksichtigt werden, dass es nach dem Denken der Zeit gegen die Ehre eines Königs verstößt (auch wenn er Feind ist!), vom Geschoss eines einfachen Soldaten getötet zu werden. Andererseits könnte es sein, dass gerade dieser Aspekt betont werden soll, weil Harold nach normannischer Auffassung als Eidbrecher und Frevler nichts Besseres verdient hat. Nach einer anderen Lesart wird Harold im Endkampf von einer kleinen Gruppe ausgewählter Kämpfer (zu denen vielleicht sogar der Herzog selbst gehört?) gezielt angegriffen und umgebracht. Auch erfahren wir, dass er enthauptet und sein Körper brutal verstümmelt wird, möglicherweise auf ehrverletzende Weise. Die Tradition in Battle Abbey besagt, dass König Harold an genau dem Platz gefallen sei, an dem später der Hochaltar errichtet wird, und man erhält den Eindruck, dass es im Kreis seiner letzten Getreuen und wohl ganz am Ende der Schlacht geschehen ist.

Auf jeden Fall müssen wir davon ausgehen, dass die Nachricht vom Tod des Königs, die sich rasch im angelsächsischen Heer verbreitet, ein schwerer Schlag für die Moral der Truppe ist. Das ist nur menschlich, wenn auch der Kampf-Eid besagt, man werde mit gleichem Mut weiter durchhalten. Abgesehen davon ist in der letzten Phase der Schlacht das normannische Vordringen so erfolgreich, dass die Position ihrer Gegner einfach unhaltbar wird. Gegen Abend sind die Angelsachsen auf der Flucht. Sie werden von Wilhelms Armee unerbittlich verfolgt und hart bedrängt. Noch bei anbrechender Dunkelheit kommt es zu erbitterten Rückzugsgefechten. Über die Episode von „Mallefosse" wird an anderer Stelle noch etwas zu sagen sein (S. 89).

Nachspiel

Das Schlachtfeld bietet, jetzt da der Furor des Kämpfens vergangen ist, einen fürchterlichen Anblick. Die Blüte des angelsächsischen Adels und der Jugend des Landes liegt hingestreckt in Blut und Kot. Menschen und Pferde, wohl oftmals noch im Tode aneinandergeklammert. Man geht von bis zu 10.000 Gefallenen aus. Und der Tod ist – wie immer, wenn es um Krieg und Feindschaft geht – nur ein Teil des Schreckens. Die Leiden der Verwundeten und der Schmerz der Hinterbliebenen beginnen jetzt erst und sind noch lange nicht zu Ende …

Was geschieht mit den Leichen? Haben die Sieger tatsächlich beschlossen, sie liegen zu lassen, wie es gelegentlich heißt?* Aus Zeitnot? Oder aus Groll? Zur Strafe der offenen Verwesung und den wilden Tieren überlassen? Das hätte Pestilenz für eine ganze Landschaft bedeutet. Und was ist mit den normannischen Gefallenen? Es stellt sich also die Frage nach dem Verbleib der körperlichen Überreste, konkret: nach Gräbern. Auch dies wird uns im Zusammenhang mit der Kontroverse um den genauen Ort der Schlacht noch einmal beschäftigen müssen (S. 89).

Aber auch andere Fragen drängen sich auf: Was wird aus dem Leichnam König Harolds, der – ohne Kopf und vermutlich in grausamer Weise verstümmelt – auf der Walstatt bleibt? Um den Körper dieses Mannes zu identifizieren, muss man, wie es heißt, seine Gefährtin Edith „Schwanenhals" kommen lassen, die offenbar der Schlacht beigewohnt hat; sie erkennt den Leib an Kennzeichen, die nur ihr vertraut sind. Ein grausiger Vorgang auf schrecklicher Bühne. Diese Szene hat die romantische Fantasie der Dichter und Maler beschäftigt. Fontane, der auf seiner Englandreise das Feld von Battle besucht hat, schreibt tief beeindruckt darüber; ihm kommen Erinnerungen an eine Lektüre seiner Jugendzeit und er beschwört die schaurigen Empfindungen von damals herauf. So ist er aufs Neue „den Schritten jener gespenstisch-schönen Frau über das Leichenfeld gefolgt" und es geht dabei wohl um eine Reminiszenz an die düsteren Verse, die Heine zu diesem Thema geschrieben hat: „Viel tausend Leichen lagen dort / Erbärmlich auf blutiger Erde, / Nackt ausgeplündert, verstümmelt, zerfleischt, / Daneben die Äser der Pferde. / Es wadete (watete) Edith Schwanenhals / Im Blute mit nackten Füßen; / Wie Pfeile aus ihrem stieren Aug› / Die forschenden Blicke schießen." *

Nach einer Überlieferung, die in Waltham Abbey als gesichert gilt, wird der Leichnam des Königs im Anschluss an seine Niederlage an diesen Ort gebracht und dort in oder bei der Kirche beerdigt, die er besonders geschätzt hat und die auch heute noch in Beziehung zu diesem königlichen Gönner zu sehen ist (S. 135). Andere Quellen sagen jedoch, der König sei an der Küste von Sussex beigesetzt worden und für ihn alleine von allen Getöteten seines Heeres habe die Genehmigung des Siegers gegolten, überhaupt ein Grab zu erhalten. Sind beide Darstellungen möglicherweise vereinbar – erst ein zeitweiliges und dann ein endgültiges Begräbnis?

Battle Abbey – ein Spaziergang

Ein sanfter Abhang, der zu einer Hügelfront emporsteigt. Warmes, duftendes Gras in der Sonne. Die Hand kann über die längsten Halme streichen, ohne dass man sich bücken muss. Es ist so still, dass man das Summen der Insekten in der Luft hört. Ein ganz leichter warmer Wind kommt aus der welligen Ebene herauf. Er trägt einen Hauch von Meer mit sich. Es ist Nachmittag. Die vereinzelten Bäume und Büsche werfen bereits lange Schatten. Eine Atmosphäre des Friedens. Und dennoch: Wir sind an der Stätte der Schlacht!

Heute und gestern

Die Informationstafeln am Weg, der sich die Hügelkante entlang zieht, schildern ausführlich in Wort und Bild das grausame Geschehen von damals: Fast tausend Jahre her! Ein erbittertes Ringen, einen ganzen Tag lang, bis am Abend, so heißt es, das vergossene Blut in Bächen und Tümpeln zusammenfloss („*Senlac*" = Blutsee?). Wir sind in Battle Abbey, nördlich von Hastings, und der Ort gilt als Schauplatz (Taf. 5a), an dem sich jene geschichtliche Wende vollzog, deren Folgen bis in unsere Zeit reichen …

Ich schrecke auf. Da kommt ein Schwall von Stimmen. Eine Schulklasse stürmt den Weg heran. Es sind Kinder aus Frankreich, auf Klassenreise. Etwa zehn Jahre alt. Ferienstimmung. Die Lehrer geben kurze Erläuterungen. Es wird diskutiert. Über Geschichte? Dann wendet sich der lebhafte Schwarm dem höher gelegenen Teil des Geländes zu. Wie mögen diese Kinder ihren Ausflug erleben? Sehen sie die normannischen Angreifer als Franzosen

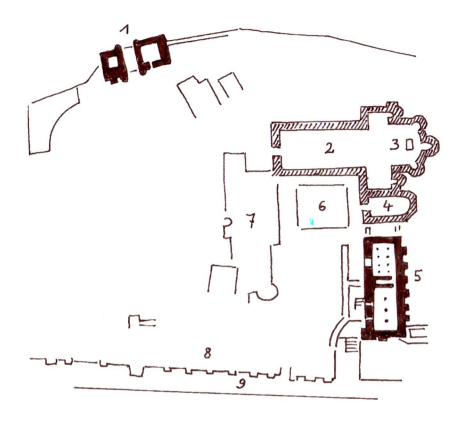

Abb. 18 „*Battle Abbey*", schematischer Plan der Anlage im heutigen Zustand, jedoch auch mit einigen heute verschwundenen Bauten (gestrichelt): **1.** Torhaus, **2.** Abteikirche, **3.** Platz des ehemaligen Hochaltars, **4.** ehem. Kapitelhaus, **5.** ehem. Klostergebäude mit Räumen der Novizen und der Laienbrüder sowie dem großen Schlafraum (Dormitorium) im Obergeschoss, **6.** Kreuzgang, **7.** Früher Gebäude des Abtes, heute Schule, **8.** ehem. Gästetrakt, **9.** Weg an der Hügelkante, die als ungefähre Verteidigungslinie der angelsächsischen Armee gilt.

an und stehen sie innerlich auf ihrer Seite? Oder empfinden sie als junge Europäer, denen die Streitigkeiten und Gemetzel einer fernen Epoche nicht mehr bedeuten als ein Fantasy-Epos? Ein altertümliches Märchen um fremdartige Könige, Ritter und Prinzessinnen, das zwar ein gewisses Maß an Spannung bietet, dabei aber nicht wirklich fesseln kann, weil es leider ohne Feen, Zauberer und legendäre Ungeheuer daherkommt?

Wollen wir es nicht diesen Kindern gleichtun und einen Spaziergang machen, bei dem wir uns den wichtigsten Attraktionen von Battle Abbey widmen (Abb. 18)?

Lage und Gesamtbild

Der heutige Ort Battle, der alle Reize einer englischen Kleinstadt besitzt, liegt gut 7 Meilen nördlich von Hastings. Wenn man sich auf seiner Hauptstraße der ehemaligen Abtei nähert, dann sieht man zuerst das mächtige Torhaus vor sich emporragen. Es ist von Wehrtürmen flankiert und wirkt machtvoll, fast bedrohlich. Man spürt, dass man historischen Boden betritt. Dahinter bietet sich von der einstigen Pracht der Abtei lediglich ein Abglanz. Denn die früheren Klostergebäude existieren nur noch zu einem Teil. Was heute vorhanden ist, liegt jedoch so romantisch in eine Parklandschaft eingebettet, dass der Gesamteindruck durchaus eine lebhafte Erinnerung zurücklässt. Und wenn wir ein wenig die Fantasie bemühen, können wir uns das Leben vergangener Zeiten in seiner ganzen Vielfalt vorstellen.

Was heute fehlt, ist vor allem die mächtige Abteikirche aus dem 11. Jh. Sie stand in engster Beziehung zum historischen Ereignis. Es heißt, Wilhelm „der Eroberer" habe vor der Schlacht das Gelübde abgelegt, für den Fall, dass er siegen werde, eine große Abtei zu gründen. Diese Geschichte wird zwar erst in einer späteren Quelle (1154) erzählt, die überdies als Fälschung zu betrachten ist, aber dergleichen ist keineswegs ein Einzelfall. Es kann durchaus sein, dass ein an sich fragwürdiges Dokument dennoch eine tatsächliche Gegebenheit spiegelt. Und zur Politik Herzog Wilhelms würde es passen. Wird nicht auch der Ehedispens (Heiratserlaubnis, S. 46) des Papstes durch Abteigründungen vergolten? Andererseits ist es wohl so, dass die Abgesandten des Papstes am neu besetzten englischen Königsthron eine strenge Forderung des Heiligen Stuhls übermitteln: Bußleistung für das Übermaß an Gewalt und die vielen Getöteten der Schlacht.

Magie des Ortes

Auf jeden Fall haben wir es in Battle Abbey mit einem Monument zu tun, das für seinen Stifter eine sehr persönliche Bedeutung besitzt. So soll es denn auch ausdrücklicher Wille Wilhelms – nunmehr König Wilhelm I. – gewesen sein, dass der Hauptaltar an genau der Stelle errichtet werde, an der Harold im letzten erbitterten Handgemenge den Tod gefunden hat. Entsprechend lautet die Inschrift der Steinplatte, die heute diesen Platz markiert. So will es die Tradition. Zugegeben: Eine Würdigung des überwundenen Gegners? Passt das zum Charakter Wilhelms und zur „Propaganda", von der sein Feldzug begleitet ist? Diese Deutung vertritt u. a. ein Gemälde des 19. Jhs. von Frank Wilkin (in der *Hall* des früheren Abtshauses); dort sieht man, wie Wilhelm vom Pferderücken herab seinem sterbenden Gegner einen Gruß abstattet. Aber diese Darstellung ist in vielem nicht historisch korrekt, denn sie zeigt zum Beispiel auch, dass dem Sieger, der seine Herzogskrone am Helm trägt gleich auf dem Schlachtfeld der Königshut des Besiegten gereicht wird. Andererseits dient die Betonung des Ortes als Symbol dafür, dass der Eroberer seinen Triumph als Entscheidung durch ein „Gottesgericht" betrachtet. Diesen Aspekt zu propagieren, ist ja auch das wichtigste Anliegen des Teppichs von Bayeux. Handelt es sich hier also eigentlich um ein Siegesdenkmal?

Übrigens ist die Gründung der Abtei durchaus nicht unmittelbar nach der Schlacht, sondern erst 1070 oder kurz danach erfolgt. Ob dieser Zeitabstand auch als Erklärung für gewisse Unsicherheiten herangezogen werden kann, die bezüglich des Ortes geäußert werden – und mit denen wir uns noch befassen müssen (S. 88 ff.)?

Die Wahl des Platzes hat es den Bauleuten und den Klosterbrüdern durchaus nicht leicht gemacht. Weit einfacher wäre es gewesen, ein Gelände im Tal auszusuchen. Sowohl der Transport der Baumaterialien als auch die Versorgung mit Wasser hätte sich weitaus weniger problematisch gestaltet. Aber in diesem Punkt lässt der Monarch nicht mit sich reden. Er werde mit Gottes Hilfe dafür sorgen, dass in seinem Kloster mehr Wein vorhanden sei als in anderen Wasser, soll er gesagt haben. Und notfalls werde er Steine aus der Normandie holen lassen. Letzteres wird jedoch nicht erforderlich, weil man ausreichend Material in der Umgebung vorfindet.

Klostergründung

Für die Besetzung des Klosters werden Mönche aus Marmoutier in Frankreich geholt. Der Bau geht gut voran, sodass 1076 ein erster Abt eingesetzt wird. Die Weihe erfolgt 1094 unter dem zweiten Abt namens Gauzbert und in Anwesenheit König Wilhelms II. und des Erzbischofs von Canterbury, was nach den Gewohnheiten des Mittelalters nicht bedeuten muss, dass zu dieser Zeit bereits alle Arbeiten abgeschlossen sind. Die Abtei steht unter dem Patrozinium des Hl. Martin (*„St Martin´s of the place of battle"*). Sie erhält eine großzügige Ausstattung mit Land sowie Vermögen und wird *„exempt"*, ist also nicht von geistlichen oder weltlichen Vorgesetzten abhängig. Im Laufe der Zeit entsteht ein umfangreiches Ensemble von Bauten und wir müssen uns in diesen Mauern das ganze vielschichtige und intensive Leben einer mittelalterlichen Klostergemeinschaft vorstellen, die nach den Regeln des Hl. Benedikt organisiert ist. Neben der Abtresidenz, dem Kapitelhaus (Versammlung der Klostervorsteher) und den Gemeinschaftsräumen der Mönche und Laienbrüder (vor allem Schlaf- und Speisesäle) finden sich alle jene Bauten und Anlagen, die für die geistlichen, wirtschaftlichen, politischen und kulturellen Funktionen einer solchen Institution erforderlich sind, von den Vorratshäusern bis zum Krankensaal und von der Küche bis zur Bibliothek. König Wilhelm hat eine Klostergemeinschaft von 60 Mönchen vorgesehen, die bis zu einer Größe von 140 aufgestockt werden soll. In den Zeiten der Pest und des 100-jährigen Krieges wird diese Zahl jedoch stark gesunken sein.

Klosterleben

Um uns das Leben in einem solchen Kloster richtig vorzustellen, müssen wir uns vor Augen halten, welche Vielzahl von Aufgaben und Tätigkeiten hier zusammenwirken. Die Mönche widmen sich neben dem Beten, das zu festen Zeiten angesetzt ist und den Verlauf von Tag und Nacht bestimmt, weiteren sehr unterschiedlichen Tätigkeiten („*Ora et labora*" – „Bete und arbeite!"). Es muss Landwirtschaft betrieben werden, Fisch- und Viehzucht. Die Küche eines solchen Klosters ist ein „Großbetrieb". Zahlreiche Handwerke werden ausgeübt, teils durch Mitglieder des Konvents, teils aber auch durch Laien: Maurer, Steinmetz und Zimmermann, Schreiner, Sattler, Schuster, Müller, Schmied. Man sorgt für Kranke, kümmert sich um den Wein, bewirtet Gäste. Eine eigene Domäne bilden die Bibliothek und das „*Scriptorium*" (Schreibstube); die Bücherschätze der Klöster sind der wichtigste Hort mittelalterlicher Gelehrsamkeit und manche Überlieferung verdanken wir den Klosterbrüdern – nicht nur „Geistliches", sondern auch die Werke antiker Schriftsteller sowie „arabische" Mathematik und Geometrie. Der Besuch in einer solchen Klosteranlage ist gleichbedeutend mit einem Gang durch die mittelalterliche Welt. Wir können uns dieses Treiben nicht lebhaft genug vorstellen: das Kommen und Gehen, die bunte Menge der Menschen. Da ist die ganze Fülle der Geräusche: Hämmern, Sägen, Stimmen von Mensch und Tier sowie eine Vielzahl von Gerüchen: Küchendüfte, frisch gebackenes Brot, aber auch Qualm, Schweiß und Stalldung ...

Die verschwundene Kirche

Hauptstück eines solchen Klosters war selbstverständlich die große Abteikirche. Sie wurde im normannisch-romanischen Stil errichtet, eine dreischiffige Basilika (also mit hohem Mittelschiff und niedrigeren Seitenschiffen) ruhte auf mächtigen Pfeilern und war im Bereich von Langhaus und Querhaus wohl zunächst mit einem offenen Dachstuhl versehen. Im östlichen Teil ist der Bau im 13. Jh. noch einmal großzügig erweitert worden. Der Chor, in dem sich der Hochaltar befand, wurde noch stattlicher ausgebaut, war eingewölbt und besaß eine halbrunde Apsis mit einem Umgang und Radialkapellen. Unterhalb der Choranlage befand sich eine geräumige Krypta.

Abb. 19   Die Kirche von „*Battle Abbey*", Siegelbild.

Ein altes Siegel (Abb. 19) gibt uns eine Vorstellung vom mächtigen Erscheinungsbild des Gebäudes: Über der breiten, mit Rundbogen gegliederten Westfront mit dem Hauptportal sehen wir den beherrschenden Mittelturm sowie vier weitere Türme. Auf den Spitzen prangen Kreuze und flattern Fahnen wie an einem Festtag. Wie es üblich war, schloss sich an der Südseite der Kirche ein Kreuzgang an, um den herum die wichtigsten anderen Klostergebäude gruppiert waren. Der Anblick dieser gesamten Anlage, besonders vom Tal her, muss überwältigend gewesen sein.

Was übrig blieb

Gerade die Kirche, in der sich Anspruch und Bedeutung des Klosters am deutlichsten zeigten, ist leider nicht mehr vorhanden. Wir sehen nur die Markierungen von Chorbereich und Altarplatzierung. Alles Weitere muss unsere Fantasie ergänzen. Der Bau ist – wie so viele andere Abteikirchen auch – im Zuge der englischen Reformation und der Aufhebung der Klöster abgetragen worden. Besser sieht es mit den übrigen Klostergebäuden aus. Noch heute sehen wir die Grundmauern des Kapitelsaals und der Trakt mit den Räumen für Laienbrüder und Novizen, über denen sich das Dormitorium (der Schlafsaal) der Mönche befand, ist noch in recht guter Verfassung zu bewundern, sogar mit schönen Säulen und Gewölben, allerdings ohne Dach. Der Westflügel des Gevierts, das sich um den Kreuzgang fügte, ein repräsentativer Trakt mit den Räumen für den Abt, ist erhalten geblieben, wenn auch stark verändert; er beherbergt heute eine traditionsreiche Schule. An das Gästehaus erinnern noch Gewölbe und Teile der alten Unterbauten zum Tal hin. Diese Bauflanke ist ein ungewöhnlich stattliches Element, denn – wie schon gesagt – es war eigentlich nicht üblich ein Kloster auf der Höhe eines Hügels zu errichten. Aber in diesem Fall ist es so gewesen, dass hinter der Wahl des Platzes ein politischer Wille stand, der schwerer wog als praktische Erwägungen.

Blick in die Geschichte

Folgen wir dem Weg, der an der Hügelkante verläuft. Er gewährt uns den Blick ins Tal hinunter und in der Ferne breitet sich der sanft geschwungene Horizont der Hügellandschaft bei Hastings aus. An mehreren Stellen geben heute Tafeln mit Text und Bildern Erläuterungen zum Verlauf der Schlacht von 1066. Wir erfahren, wo Harolds Truppe Aufstellung genommen hat und wo der erste Vorstoß der Normannen erfolgt ist. Dann werden besonders die Kämpfe der Nachmittagsstunden geschildert, in denen der Ausgang des Ringens noch immer zweifelhaft war. Und schließlich wird markiert, wo der entscheidende Angriff stattgefunden hat, an den sich das blutige Gemetzel der letzten Stunde anschloss. Wem es nicht genügt, sich diese Aspekte zu vergegenwärtigen, der kann ins Besucherzentrum gehen. Dort werden die Fakten und ihre Bedeutung noch einmal ausgebreitet. Man erfährt Zusammenhänge und Hintergründe, bekommt praktische Anschauung und kann sich noch intensiver zurückversetzen. Im Museumsshop steht eine fast bedrängende Vielfalt von Literatur zum Verkauf, Sachbücher und Romane, außerdem Postkarten, Pläne,

Videos, Spielzeug, Souvenirs – das volle Programm. Man kann u. a. einen Helm aus Plastik kaufen, der verblüffend echt aussieht, und am „Nasen-Bügel" vorbei in die Welt blicken. Auch Lanzenspitzen und Schwerter sind zu haben, und Videospiele. Dies alles mag manchem zu viel, teils überzogen und zu kommerziell erscheinen, aber es ermöglicht ein plastisches Bild der Ereignisse und alles das verbindet sich durchaus überzeugend mit den Berichten, über die wir verfügen. Dennoch … Es gibt da das eine oder andere Fragezeichen und es bleiben ein paar Zweifel – teils von fundamentaler Art! Vor allem ist da die Frage, ob dieser Platz, das Klostergelände namens „Battle", tatsächlich der wahre Ort des Treffens gewesen ist …

Fragen und Zweifel

Was sind die Gründe für diese Zweifel, die in den letzten Jahren mehrmals sehr deutlich ausgesprochen worden sind? Da gibt es einmal die Tatsache, dass zwar eine ganze Reihe zeitgenössischer oder zeitnaher Quellen über den Gang der Ereignisse berichten, dass sie aber genau genommen den Platz nicht unmissverständlich benennen. Schon die Bezeichnung „Schlacht bei Hastings" ist ja mehr als ungenau. Außerdem – und entschieden wichtiger: Ein paar Aspekte wollen nicht mit absoluter Überzeugungskraft zum heutigen Erscheinungsbild des Ortes passen. Konnte an dieser Hügelkante, die sich wohl in tausend Jahren nicht grundlegend verändert hat, das Heer der Angelsachsen in der berichteten Weise aufgestellt werden? Und das verbindet sich mit anderen Unsicherheiten: Wie groß waren die beiden Armeen wirklich? Hier berührt sich die Kontroverse um den Ort mit manchen anderen Fragen, die wir einfach nicht als gelöst verbuchen können. Unsicherheit führt leicht zu einem Herumtappen im Dunkeln und endet nur allzu rasch in Polemik …

Das Problem ist zweifellos ernst zu nehmen, auch wenn immer wieder der Eindruck besteht, wir wüssten über alle Fakten gut Bescheid. Anlass zum Streiten bietet vor allem eine immer wieder betonte Tatsache: das Fehlen archäologischer Befunde.

Die Geschichtswissenschaft verlässt sich längst nicht mehr allein auf Quellenforschung traditioneller Art. Daneben haben sich neue Untersuchungsmethoden etabliert, eine von diesen ist die sogenannte „Schlachtfeld-Archäologie". Man denke nur an die Rolle, welche diese Spezialdisziplin in Deutschland bei der Diskussion um die Lokalisierung der „Varusschlacht" gespielt hat – und noch spielt! Im „Fall Battle" hat die Suche nach solchen Anhaltspunkten bisher nicht zu einer Beilegung geführt. Auf einem Gelände, wo eine so mörderische Schlacht stattgefunden hat, dass Tausende von Kämpfern auf engem Raum gefallen sind, müsste quasi jeder Spatenstich eine Anzahl von Überbleibseln zutage fördern. Waffen, Rüstungsteile, Pferdegeschirr, all die vielen kleinen Gebrauchsgegenstände, die Menschen mit sich führen, die ihnen in heftiger Aktion verloren gehen und die nach dem Ereignis niemals restlos eingesammelt werden: Reste von Schuhwerk und Kleidung,

Schnallen von Gürteln und Zaumzeug, Münzen, Schmuckwerk ... um hier nur einiges zu nennen. An solchen Funden mangelt es in Battle auf erstaunliche Art.* Und was ist mit Knochenresten von Menschen und Pferden? Wo sind die vielen Gefallenen, von denen berichtet wird, geblieben?

Wohlgemerkt: Niemand hat meines Wissens bisher das Schlachtereignis selbst in Frage gestellt, wenn auch sein Umfang und sein Ablauf keineswegs übereinstimmend geschildert werden. Es geht in diesem Zusammenhang um den genauen Schauplatz. Und folglich muss die nächste Frage lauten: Wenn es nicht am Hügel von Battle gewesen ist, wo könnte es dann gewesen sein? Bei der Suche nach Anhaltspunkten wird vor allem auf den Caldbec Hill verwiesen, eine Hügelformation oder besser eine weitere Anhöhe desselben Hügelzuges, wenige Kilometer von Battle entfernt, auf welche die Schlachtberichte ebenfalls passen könnten. Diese zweite Erhebung ist schroffer als die von Battle, wo die Schwierigkeiten einer Reiterattacke nicht so groß gewesen wären, wie man vermuten sollte. Andererseits: Kann nicht beim Bau der Abtei die dortige Hügelkuppe in einigem Umfang verändert worden sein? Ein weiteres Argument für Caldbec Hill liegt darin, dass dort offenbar der Treffpunkt für Harolds Kernarmee mit den Aufgeboten aus der Umgebung gewesen ist. Warum sollte er nicht gleich dort Stellung bezogen haben, wenn das doch der strategisch günstigere Platz war? Auch passt die Entfernung von Hastings (etwa 9 Meilen) besser zur Überlieferung. Und die Bezeichnung „Senlac" könnte mit beiden Hügeln bzw. mit beiden Gipfeln des zusammenhängenden Höhenzuges in Verbindung gebracht werden ...

An dieser Stelle müssen wir nun auch die Überlieferung von „Malfosse" einbeziehen. Das Wort bedeutet so viel wie „schrecklicher Graben" und es heißt traditionell, dies sei ein unwegsam zerklüftetes Gelände am Fluchtweg der Angelsachsen gewesen, wo sich mörderische Rückzugsgefechte abgespielt hätten. Haben wir es nicht eher mit einer Vertiefung zu tun, in welche man die toten Körper von Menschen und Pferden geworfen hat, einem „Massengrab" also, das man geschaffen hat, weil angesichts der noch ungeklärten militärischen Gesamtlage keine Möglichkeit für ein sorgfältigeres Bestatten bestand?

Die Kontroverse um „Ort und Stelle" ist noch keineswegs beendet. Sie bietet ein gutes Beispiel für Historie als Wissenschaft „*in progress*" und es ist von eigener Faszination, die Argumentationen zu verfolgen.* Mit einer Frage muss allerdings jeder zurechtkommen, der am Schauplatz Battle zweifelt: Wenn die Gründungsentscheidung von Wilhelm persönlich kam, hat dann auch er nicht gewusst, wo die Schlacht stattgefunden hat? Aber offenbar war der König selbst bei der Festlegung des Gründungsplatzes gar nicht anwesend. Und das Symbol könnte ihm wichtiger gewesen sein als die geografische Exaktheit. Die „zugereisten" Mönche wiederum haben das Ereignis lediglich vom Hörensagen gekannt. Und die angelsächsische Bevölkerung mag zu jener Zeit triftige Gründe gehabt haben, sich in allem, was mit der Schlacht zusammenhing, zurückzuhalten. Ist es also möglich, dass die Lokalisierung nach Ablauf einiger Jahre den Entscheidungsträgern gar nicht mehr klar gewesen ist, sodass der Platz einfach „nach Gusto" bestimmt worden wäre? Oder, anders gefragt: Kann es Gründe gegeben haben, den genauen Ort zu verschleiern bzw. zu verfälschen? Beispielsweise entsprechende Interessen des neu entstehenden Klosters?

Auf „ins Getümmel"!

Für viele Tausend Menschen jedes Jahr scheint die Frage „Battle oder nicht?" gar keine Bedeutung zu haben. Sie reisen im Frühherbst an, um an einem Ereignis teilzunehmen, das jeweils auf das Wochenende angesetzt wird, welches dem 14. Oktober am nächsten ist. Dann geht nämlich ein „Spectaculum" in Szene, das selbst für England, wo man Geschichte gerne „hautnah" erlebt und das ohne Scheu auch „spielerisch" betreibt, etwas Besonderes ist: Es geht um das große *„Re-enactment"* der Schlacht bei Hastings, zu dem sowohl die „Handelnden" als auch die Zuschauer aus ganz Europa kommen.

Da gibt es „Fans", die das ganze Jahr auf diesen Anlass hin arbeiten. Ihr Hobby ist es, sich eine Ausstattung zuzulegen, die so genau wie möglich der eines angelsächsischen *„Housecarls"* oder eines normannischen Ritters entspricht. Kleidung und Waffen werden mit Akribie hergestellt. Man schmiedet Helme, Schwerter und Äxte, arbeitet Lederwerk nach und erweckt sogar die Herstellung von Kettenhemden (Abb. 20) zu neuem Leben. Und das ist keine einfache Sache! Eisenringe werden so ineinander geschmiedet, dass sich eine fest gefügte Struktur ergibt, ein gitterähnliches Geflecht, das den Körper schützt, zugleich aber elastisch bleibt und auch vom Gewicht her „tragbar" ist.

Ein wahrer Enthusiast übt sich auch im Umgang mit diesen Dingen – kurz: Man schlüpft auf spielerische, aber durchaus ernstgemeinte Weise in die Rolle von Menschen aus einer anderen Epoche, in diesem Falle von Zeitgenossen des Jahres 1066. Dabei ist es verpönt,

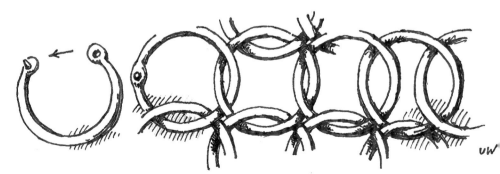

Abb. 20 Eines der Systeme mittelalterlicher Kettenpanzer; die Nachgestaltung aus einzelnen Ringelementen ist kein einfacher Handwerksvorgang!

Materialien oder Arbeitstechniken zu benutzen, die nicht dem „Damals" entsprechen. Nähmaschine? Reißverschluss? Kommt nicht in Frage! Bei den wirklichen „Freaks" darf das „Gewand" nicht einmal aus maschinengewebten Textilien genäht sein und wer einen modernen Druckknopf verwenden würde, wäre einfach disqualifiziert.

Soweit das individuelle Vorgehen. Aber was wäre es ohne „sinnstiftende" Verabredungen? Um dem Ereignis gerecht zu werden, braucht man eine ungefähr ausgewogene Anzahl angelsächsischer und normannischer Kämpen. Die Rolle herausragender Personen (König Harold, Herzog Wilhelm usw.) wird mit entsprechend ausgestatteten Menschen besetzt. Auch sind Begleitfiguren wünschenswert: Pferdeknechte und andere Bedienstete, Versorgungstruppe und Tross. Man konzentriert sich auch keineswegs auf das Schlachtgeschehen alleine, sondern spielt ebenso das Drum-und-Dran wie Lagerleben oder Verwundeten-Fürsorge. Aber das Wichtigste ist natürlich der „große Auftritt". Da marschieren die Truppen auf und nehmen ihre Stellungen ein. Man schwenkt die Feldzeichen und schreit sich Herausforderungen zu. Und dann kommt der Angriff, das Handgemenge, erneuter Angriff und schließlich „das letzte Gefecht". Dabei wird die Kampfesweise möglichst genau nachgespielt. Es treten Ritter zu Pferde auf, die mit Lanze und Schwert umzugehen wissen. Die *Housecarls* schwingen ihre gefürchteten Äxte. Im Nahkampf gibt es zweifellos die eine oder andere Schramme, aber natürlich wird mit Sorgfalt darauf geachtet, sich keine echten Verletzungen zuzufügen.

Am Ende der Veranstaltung dürfte es manchem der Kombattanten schwerfallen, wieder in sein normales Alltagsleben zurückzukehren, aber das gilt wohl auch für die zahlreichen Zuschauer, die jedes Jahr als Schlachtenbummler am „Tag von Hastings" dabei sind. Auch sie brauchen nur für kurze Zeit den arrangierten Rahmen zu vergessen, um die Illusion zu haben, das Ereignis selbst zu erleben: Wieder vibriert die Luft vom Kriegsschrei, der Boden dröhnt vom Hufschlag der Pferde, der Klang von Waffen hallt über das Gefilde … Und gleichzeitig hat man die beruhigende Gewissheit, dass alles doch keine blutige Wirklichkeit ist.*

> *„Er überliefert eine der denkwürdigsten Taten der französischen Nation*
> *und bewahrt die Erinnerung an den Stolz und den Mut unserer Vorfahren."*
> Napoleon Bonaparte über den Teppich von Bayeux*

Ein „Weltkulturerbe": der Teppich von Bayeux

Ein scheinbar endloser Strom von Bildern zieht an uns vorbei. Wie durch Zauberkraft erhellt streckt sich dieses Band ins Dämmerlicht und bannt unseren Blick mit einer Unzahl dramatischer Szenen und lebensvoller Figuren. Wir befinden uns in der Museumsgalerie des Teppichs von Bayeux (Taf. 4a), und was uns erzählt wird, Schritt für Schritt begleitet durch Informationstexte aus dem Kopfhörer, ist eine beispiellose Schilderung welthistorischer Ereignisse: *„La Telle du Conquest"* – „Das Tuch der Eroberung" (*la telle* eigentlich: das Leintuch, Stoffbild), meistens benannt als *„La tapisserie de Bayeux"* (Der Teppich/Wandteppich von Bayeux). Dieses Werk, das seit einigen Jahren zum Weltkulturerbe der Menschheit gezählt wird, ist ein Exponat der Superlative, und das nicht nur durch seine extremen Abmessungen: Siebzig Meter lang und etwa 50 Zentimeter breit ist die „textile Schaubühne". Vom ursprünglich wohl noch umfangreicheren Programm sind 58 Szenen erhalten; im Hauptfries und den Randborten hat man insgesamt 623 Menschen (allerdings nur 2 Frauen), 202 Pferde, 27 Gebäude sowie 41 Schiffe und Boote gezählt. Fast schon 1.000 Jahre hat das Werk überdauert, obwohl es aus fragilem Material besteht. Und sein Ruhm ist ungebrochen: Scharen von Besuchern drängen sich täglich an der langen schmalen Schauvitrine vorüber. Und vor ihren Augen entrollt sich ein Panorama, dessen Eindringlichkeit keinen Betrachter unberührt lässt, eine schier ausufernde „Bildgeschichte", ein „überdimensionaler Comic-Strip", wie gesagt worden ist, oder ein „Monumentalfilm" des 11. Jhs.

Wir sehen nichts Geringeres als „die ganze Geschichte": Harolds Entsendung vom Hof des Bekenners, seinen Aufenthalt beim Normannenherzog mit der (fragwürdigen) Eidesleistung sowie seinen Wortbruch und seine Krönung, sodann Wilhelms Feldzug, von den Vorbereitungen bis zum dramatischen Verlauf der großen Entscheidungsschlacht. Das alles ist allerdings – und diesen Gesichtspunkt dürfen wir nicht aus den Augen verlieren! – die Sicht auf die Dinge von normannischer Seite. Also parteiisch, ja „propagandistisch" angelegt und nicht etwa ein nüchterner Tatsachenbericht, trotz aller Überzeugungskraft der Inszenierung. Aus angelsächsischer Perspektive geschildert sähe wohl manches anders aus …

Dabei ist die Gestaltung von unüberbietbarer Prägnanz. Wer diese Szenenfolge entworfen hat, war ein Meister (oder eine Meisterin?) bildlichen Erzählens. Die Figuren sind scharf charakterisiert (bis an die Grenze der Karikatur, möchten wir heute sagen) und voller „Spannkaft" (Abb. 21). Sie strahlen so viel Leben und Beweglichkeit aus, dass die tricktechnischen Animationen, die im Internet zu finden sind, ganz überflüssig erscheinen. Wie intensiv prägen sich auch ohne dies manche Szenen ins Gedächtnis ein! Beispielsweise das Erschrecken der Menschen über das Auftauchen des unheilvollen Sterns

Abb. 21
Knappe Charakterisierung und gesteigerter Ausdruck: die Verteidigungsstellung der Angelsachsen in der Schlacht bei Hastings.

(vgl. Abb. 7), die innere Spannung der Eidesleistung Harolds vor Herzog Wilhelm (vgl. Taf. 4b), der triumphale Aufbruch der Flotte oder das tumulthafte Übereinanderstürzen der Pferde (Taf. 5b) auf dem Höhepunkt der Schlacht!

Dabei sind die ursprünglichen Gestaltungsmittel von einfachster Art: Strichführung, Linienmuster und Flächenfüllung. Sicher muss die handwerkliche Ausführung durch versierte Kräfte erfolgt sein und dieser Gedanke führt uns wiederum zu ebenso grundlegenden wie schwierigen Fragen: Wer um alles in der Welt ist so vermessen gewesen, ein derart unglaubliches Werk zu ersinnen, und wem konnte man es in Auftrag geben? Erneut betreten wir unsicheren Boden. Was wir wissen, ist, dass dieses illustrierte Band früher einmal in der Kathedrale von Beauvais aufgehängt war; es liegt nahe, zu vermuten, dass es auch für diesen Ort gemacht wurde. Dann kommt eigentlich nur einer als Stifter in Frage: Odo, Bischof von Bayeux, Halbbruder Wilhelms „des Eroberers", ein Mann der beim England-Feldzug eine wichtige Rolle gespielt hat und auch im Bildprogramm des Teppichs prominent in Erscheinung tritt. Dieser Mann, von dem Orderic Vitalis schreibt, es seien in ihm Laster und Tugenden vermischt und er sei eher weltlichen Dingen als geistlicher Betrachtung hingegeben, wird einer der mächtigsten Herren im „neuen Land"; später allerdings überwirft er sich mit Wilhelm und wird von ihm abgesetzt. In der Phase seines größten Einflusses hat er zweifellos Zugriff auf die für ihr Geschick bei Textilarbeiten berühmten angelsächsischen (Kloster-) Werkstätten. Und einen Ursprung in England legen auch gewisse Eigenarten der Beschriftung nahe. Meines Erachtens klingt es wahrscheinlicher, Odo als Urheber des „Teppichs" anzunehmen als irgendwen sonst. Doch sind wir, wie schon gesagt, auch in dieser Sache auf Vermutungen angewiesen.*

Die handwerkliche Ausführung der Stickerei ist von hoher professioneller Qualität und schon der reine Umfang der ausgeführten Arbeit lässt uns staunen. An Stick-Material wurden (so hat man errechnet) mindestens 45 kg Wolle verarbeitet. Die Technik wird als Lege- und Überfangarbeit bezeichnet und man findet unterschiedliche Techniken (sogenannter „Stiel- und Spaltstich" sowie „Kettenstich" an reparierten Stellen) und einen speziellen („Bayeux-") Stich für Flächenfüllung.

Eine weitere Gelegenheit zum Grübeln liefert der Schluss der Geschichte, also das Endstück des „Tuches". Der Bericht hört, als die Schlacht geschlagen ist, so unvermittelt auf, dass es sinnvoll ist, ursprünglich mindestens noch eine weitere Szene anzunehmen: Wilhelms Königskrönung. Mit ihr erst erfüllt sich eigentlich der Herrschaftsanspruch und vollendet sich der Bericht. Das behauptete Fehlverhalten Harolds und seine Bestrafung geben nur in diesem Zusammenhang wirklich einen Sinn. Und wenn das Prachtstück zur feierlichen Einweihung der neuen Kathedrale von Bayeux gezeigt wurde, durfte dieser (buchstäblich „krönende") Abschluss doch wohl nicht fehlen! Wie aber könnte dieser wichtige Teil abhandengekommen sein? Wurde er möglicherweise für eine noch bedeutendere Rolle im Hofzeremoniell „entfremdet" und ging dabei verloren?

Umgekehrt möchte man sagen: Es ist ein Wunder, dass das heute vorhandene Werk trotz seiner beängstigenden Fragilität fast tausend Jahre stürmischer Geschichtsentwicklung überdauert hat! Es ist weit herumgekommen, bis es nun seinen festen Platz im Museum gefunden hat. Aus mancherlei Gefahren wurde es gerettet. Und es war der egozentrischen Bewunderung so unterschiedlicher Personen ausgesetzt wie Kaiser Napoleon (der es für seine eigene Propaganda benutzte) und Heinrich Himmler (der es als ein „Siegesdenkmal der germanischen Rasse" deuten wollte).

*„Die Normannen waren Fremde, bis ins 14. Jahrhundert spricht der Adel,
spricht man am Hof französisch und schreibt lateinisch."*
W. Schäfke*

Das neue Königtum

Herzog Wilhelm ist Sieger in der Schlacht bei Hastings. Das ist der entscheidende Schritt in der Verfolgung seiner Pläne, aber es bedeutet noch nicht die endgültige Erreichung des Ziels. Was muss als nächstes geschehen? Zu erwarten wäre, dass die führenden Köpfe des Landes sich zur Unterwerfung bei ihm einfinden. Aber vorerst geschieht nichts dergleichen.

Diese Situation hat etwas Beunruhigendes: Mit wie viel Widerstand ist immer noch zu rechnen? Immerhin gibt es Angriffe gegen normannische Vorposten. Kann womöglich ein neues englisches Heer aufgestellt werden? Aber wer soll es führen? Wilhelm reagiert offenbar mit Nervosität und ganz entgegen dem, was wir von ihm gewöhnt sind, hat man den Eindruck, dass er zögert. Er marschiert keineswegs unmittelbar auf London zu, dessen politische Bedeutung ihm selbstverständlich bewusst ist, sondern zieht hierhin und dorthin. Am 21. Oktober besetzt er Dover, am 29. Canterbury. Im November übergibt Edith, die Witwe König Edwards „dem Eroberer", Winchester, die alte westsächsische Königsstadt. Aber für einen Handstreich gegen London ist er nicht stark genug. Geplänkel am Stadtrand machen ihn vorsichtig. So beginnt er, das Herrschaftszentrum weiträumig zu umkreisen und von seinem Umland zu isolieren.

Schließlich kommt es aber doch zur Unterwerfung, da seine möglichen Widersacher offenbar die Aussichtslosigkeit weiterer Abwehr einsehen und mancher „Große" nun wohl auch darüber nachdenkt, wie er ganz persönlich seine Zukunft sichern kann. Erzbischof Stigand ist einer der Ersten und dann kommt auch Edgar Aetheling, der als Thronanwärter durchaus ein ernstzunehmender Gegner hätte werden können und in dessen Namen auch

Tafelteil

Tafel 1 Der Gegner: Lebenskultur und Kampftaktik der Angelsachsen sind durch viele Einflüsse geprägt: von Römern, Wikingern, Dänen – und auch Normannen ...

Tafel 2 a
Normannischer Ritter: Seine Kampfausrüstung ist denen der meisten Gegner überlegen und wird bald von vielen nachgeahmt.

Tafel 2 b
Lange fließende Gewänder – aber grundsätzlich sind unsere Kenntnisse über die Kleidung der Damen bei Hofe recht begrenzt.

Tafel 3 Die Kathedrale von Bayeux, Sitz des Bischofs Odo, Halbbruder Wilhelms „des Eroberers"; für ihren Chorbau ist vermutlich der berühmte „Teppich" entstanden.

Tafel 4a   Bayeux, *Musée de la Tapisserie*, Blick in die Galerie.

Tafel 4b   Teppich von Bayeux: Szene der Eidesleistung Harold Godwinsons.

Tafel 5a   Battle Abbey, Blick auf den Abhang, der traditionsgemäß Hauptbereich der Schlacht bei Hastings gewesen ist.

Tafel 5b   Teppich von Bayeux: Bewegte Szene vom Schlachtgetümmel am Abhang.

Tafel 6 a
Caen, Saint-Etienne, die spektakuläre Turmfront von Westen.

Tafel 6 b Aus meinem Skizzenbuch: Winchester, Kathedrale, das normannische Südquerhaus.

Tafel 7a Aus meinem Skizzenbuch: Waltham Abbey, die bevorzugte Kirche König Harolds.

Tafel 7b Im Gestus normannischer Wehrarchitektur: die Mauerfront von Dover Castle.

Tafel 8   Aus meinem Skizzenbuch: London, der Tower, normannisches Kerngebäude.

Abb. 22
König Wilhelm („der Eroberer") nimmt von Wilhelm von Jumièges dessen Chronik der normannischen Herzöge („*Gesta Normannorum Ducum*") entgegen.

einige Ausfälle gegen das anrückende Heer durchgeführt worden sind. Wilhelm ist klug genug, Mäßigung walten zu lassen. Er verspricht, er werde ein gnädiger Lehnsherr sein. So stellen sich die verbliebenen Häupter des besiegten Königtums auf die Seite des Eroberers und kurz vor Weihnachten erfolgt der Einzug in London.

Nun kann Wilhelm also den Thron besteigen. Er bekommt die Zustimmung der führenden Männer Englands und auch die der normannischen Feudalherren, ohne die er den großen Schritt nicht tun will. Am Weihnachtstag 1066 wird in Westminster Abbey, der Kirche Edwards „des Bekenners", die Krönung vollzogen. Die Salbung nimmt Erzbischof Alfred von York vor und der neue Herrscher wird durch die englische und die normannische Geistlichkeit dem Volk vorgestellt. Wilhelm ist König der Engländer! Chroniken und Bilddarstellungen (Abb. 22) werden die Weisheit seiner Regierung feiern …

Doch geht der große Augenblick nicht ohne Misstöne über die Bühne. Um die Krönungskirche herum kommt es zu Tumulten. Die normannischen Wachen greifen hart durch und einige Gebäude gehen in Flammen auf. Ist ein Missverständnis der Grund, wie geltend gemacht wird? Oder ist es in Wahrheit ein Vorgeschmack jenes angelsächsischen Widerstands, der die neue Herrschaft noch in manche Krise stürzen wird?

Herrschaft und Gegenkräfte

Die Krönung Herzog Wilhelms zum König der Engländer kennzeichnet „einen Wendepunkt in der Geschichte Englands und der Normandie, sowie eine Phase in der Entwicklung des mittelalterlichen Europas" (D. C. Douglas)*. Es etabliert sich nicht nur eine neue Dynastie, sondern das Inselreich erhält auch ein neues Regierungssystem und eine veränderte Gesellschaftsstruktur. Dies wird nicht ohne Konflikte und offenen Kampf ablaufen …

Die Durchsetzung der normannischen Herrschaft in England ist ein grundsätzlich gewaltsamer Vorgang, der mit Widerstand und Unterwerfung verbunden ist. Die daraus resultierenden Auseinandersetzungen bilden ein weiteres „Problemfeld" für die Geschichtsforschung, denn man kann den Ablauf der Ereignisse, das Ausmaß der Veränderungen und den ausgeübten Druck und Gegendruck je nach eigener Position des Betrachters durchaus unterschiedlich einschätzen. Kurz gesagt ist es eigentlich so: Unter dem angelsächsischen Königtum verfügten die „*Thegns*" über eigenen Landbesitz und ihre Pflicht zu Gefolgschaftstreue und Kriegsdienst für den Herrscher bestand aufgrund ihres Titels. Nun aber stellt es sich anders dar: König Wilhelm betrachtet das Land grundsätzlich als Kronbesitz, welchen er den Getreuen aus seinem Adel im Tausch gegen diese Pflichten überlässt: Das klassische Schema des voll entwickelten hochmittelalterlichen Lehnssystems. Dabei handelt es sich um einen substanziellen Unterschied und keineswegs nur um eine Frage der Interpretation. Was aber dahinter steht, ist ein elementarer Vorgang: In England wird nicht nur ein anderes Königshaus eingesetzt, sondern eine vollständig neue Führungsschicht – und es wechseln damit auch Besitzverhältnisse und Rechtssystem.

Kein Wunder, dass diese Veränderungen als Errichtung einer Fremdherrschaft empfunden werden und dass Groll entsteht, ja Widerstand erwacht – vom nun beiseitegeschobenen angelsächsischen Adel bis hinab zum einfachen Volk, über dessen Köpfe hinweg – wie es damals selbstverständlich und auch heute noch nicht überall anders ist – dies alles nun einmal entschieden wird. Zwar gibt sich der neue König durchaus Mühe, ohne allzu große Verwerfungen vorzugehen, dies schon aus pragmatischen Gründen, aber er sonnt sich im Glanz des Siegers – und: ihm sitzen die Ansprüche seiner Paladine im Nacken. Sie pochen auf das Versprechen, ihren Einsatz bei der Eroberung des Inselreiches mit der Zuteilung von Macht und Reichtum zu belohnen. Und Wilhelm hält Wort. Seine Gefolgsleute erhalten Land und einflussreiche Positionen, allen voran Odo, des Königs Halbbruder, nun Earl von Kent und mit wichtigen Regierungsfunktionen betraut, im Grunde Vizekönig für England. Später allerdings wird er Unbotmäßigkeit zeigen und hart bestraft werden.

Grundsätzlich zeigt sich Wilhelm den großen Anforderungen gewachsen, die seine neue Stellung mit sich bringt, und er beweist in mancher Hinsicht staatsmännisches Format.

Bei Streitigkeiten bevorzugt er ein Vorgehen nach Recht und Gesetz, aber wenn sich Widerstand gegen seine herrscherliche Autorität zeigt, tritt er mit gnadenloser Strenge auf.

Es kann hier unmöglich die ganze Geschichte des angelsächsischen Widerstands gegen die Normannenherrschaft ausgebreitet werden. Das ist ein umfangreiches Thema für sich. Aber es muss betont werden, dass es Jahrzehnte dauert, bis der neue Staat als endgültig gefestigt gelten kann. R. A. Brown spricht von einer weitgehenden Konsolidierung bis zum Jahre 1071.* Vorher kommt es sowohl zu Aufständen im Inneren als auch zu versuchten Übergriffen von außen, beispielsweise von Seiten Dänemarks. Es gibt eine mehrmals aufflackernde Rebellion in Yorkshire, die 1069 vom Dänenkönig Sven Esthrithson und durch König Malcolm III. von Schottland unterstützt wird und sich zu einem allgemeinen Aufstand der nördlichen Gebiete entwickelt. Des Königs Antwort besteht aus einem Kriegszug, der im folgenden Jahr zu einer rücksichtslosen „Verwüstung des Nordens" führt; D. C. Douglas, der Wilhelm sonst grundsätzlich positiv gegenübersteht, schreibt dazu: „Unterwegs verwüstete er unbarmherzig das Land, durch das er zog, verschonte keinen Mann und ließ hinter sich nichts zurück, was Leben erhalten konnte."* Und dies ist nur ein besonders eklatanter Ausschnitt aus einem langen erbitterten Ringen mit jenen Gruppierungen, die das Kommen der Normannen als brutale Okkupation empfinden. Dieser Widerstand bringt eigene Heldengestalten hervor, so den geächteten Kämpfer Hereward „the Wake", der heute noch legendären Ruhm genießt.

Burgen im eroberten Land

Die neuen Herren des Landes sind sich durchaus bewusst, dass ihnen der größte Teil der Bevölkerung reserviert oder feindselig gegenübersteht und sie wissen auch, dass man weiterhin mit Angreifern rechnen muss, die über das Meer kommen können. So gehört zu Wilhelms Regierung von Anfang an die Schaffung befestigter Plätze, die seine Herrschaft militärisch sichern. Viele davon sind zunächst einfache Palisadenverschläge auf natürlichen oder künstlich aufgeschütteten Hügeln, sogenannte „Motten", oft verbunden mit einem Gehöft oder kleinen Dorf. Manche dieser Anlagen entwickeln sich aber bald zu starken Burgen, für die es ein Grundschema gibt, das ganz dem typisch normannischen Geist schlichter Zweckmäßigkeit entspricht (Abb. 23). Ein vierkantiger Turmbau enthält gleichsam übereinandergesetzt alle jene Räume, die für Verteidigung und Lebenssicherung erforderlich sind, sowie darüber hinaus in manchen Fällen auch solche, die herrschaftlicher Repräsentation dienen. Ein günstiges Verhältnis von Materialaufwand und umbautem Raum! Die Außenwände solcher „Wohntürme" sind unten am stärksten, Fenster gibt es, wenn überhaupt, erst weiter oben und an den Ecken liegen oft besonders stabile Treppentürme, welche die einzelnen Geschosse miteinander verbinden. Meist gibt es einen sogenannten „Scheideraum", eine Art Fluchtgelass mit besonders festen Wänden,

in das man sich zum letzten Widerstand zurückziehen kann, falls ein Feind trotz aller Abwehrmaßnahmen ins Innere des Gebäudes vorgedrungen ist.

Das bedeutendste Beispiel eines solchen Gebäudes, das ursprünglich Trutz- und Zwingburg ist, zugleich aber auch herrscherlicher Palast sein soll, ist der „Tower" (Turm) von London. Dort finden sich aufwendige königliche Gemächer und eine Hofkapelle (S. 132). Im Laufe der Zeit entstehen weitere Verteidigungsanlagen in Form von Umwallungen mit Wassergräben und „Torburgen". Es bleibt aber über lange Zeit bei einem grundsätzlich wehrhaften Charakter. Spätere Generationen haben manche Eigenarten dieses Burgentyps beibehalten bzw. weiterentwickelt. Ein berühmtes Beispiel ist Dover Castle, dessen Hauptanlagen unter König Heinrich II. Plantagenet entstanden sind.

> *„Die Kirche blieb für ihn ein Machtinstrument: Er wollte den Klerus beherrschen, so wie in seinem Herzogtum dann auch in seinem Königreich"*
> F. Neveux u. C. Ruelle.*

Politik und Kirche

Ob Wilhelm der Eroberer ein frommer Mann war, lässt sich schwer entscheiden, weil „fromm sein" zu jener Zeit etwas anderes besagt als heute. Was ihm aber ohne Zweifel stets bewusst bleibt, das ist die Rolle der Kirche für ein dauerhaftes Herrschaftssystem! Dies ist nicht so kritisch oder gar zynisch gemeint, wie es vielleicht klingt. Die Menschen des Mittelalters stehen vielen Dingen anders gegenüber als wir, und was uns unvereinbar zu sein scheint, kann offenbar in ihrer Denkweise durchaus zusammengehen: glaubenstreu sein – und gleichzeitig auf den eigenen Vorteil bedacht. So tritt Wilhelm als Herzog und König entschieden für die Reformbewegung der Kirche ein, und das wohl keineswegs nur (aber sicherlich auch) aus politischen Motiven. Im eroberten Land werden, mit der gesamten Veränderung der Herrschaftsverhältnisse auch die geistlichen Schlüsselpositionen neu

Abb. 23
Normannische Burg (schematisch) im Typus eines Wohn- und Verteidigungsturms, in dem Funktions- und manchmal auch Repräsentationsräume übereinander angeordnet sind, in diesem Fall mit Wassergraben und (bei Verteidigung rasch entfernbarer) Zugangsbrücke.

verteilt und mit Personen besetzt, die den Erfordernissen im Machtkalkül des Monarchen entsprechen. In der grundlegenden Studie von U. Fischer wird deutlich, welche entscheidende Rolle in diesem Konzept den Kathedralstädten als politischen, wirtschaftlichen und kulturellen Zentren zugewiesen ist. Die Bischofssitze, deren Lokalisierung übrigens in einigen Fällen zielgerichtet geändert wird, tragen im Normannenreich neue, klar umrissene sowohl geistliche als auch weltliche Funktionen und dieses Konzept findet auch in den Neubauten von Bischofs- und Klosterkirchen seinen Ausdruck. Wilhelms Konzept, das kirchliche „Establishment" als einen wichtigen Stabilisierungsfaktor einzusetzen – speziell eben unter Auswechslung der meisten Personen und Schaffung neuer Gliederungsformen – findet auch in einer regen Bautätigkeit Ausdruck. So entstehen in England während der Dekaden, die dem Entscheidungsjahr 1066 folgen, und im ganzen 12. Jh. zahlreiche Kirchen nach dem Muster normannisch-romanischer Sakralarchitektur.

Was ist das Neue an den Architekturformen der Normandie? Ein klares Gliederungssystem, Rundpfeiler, Rundbögen, Doppelschaligkeit der Wand bzw. Laufgänge im oberen Bereich, wenig Schmuck. Um die Entwicklung wirklich erkennen zu können, müssen wir zunächst einen Blick auf die angelsächsische Architektur werfen. Zwar sind die einen wie die anderen Formen kaum irgendwo in einheitlicher und unverfälschter Gestalt erhalten, aber es ist dennoch möglich, das jeweils typische Erscheinungsbild zu rekonstruieren. Und: Sind es nicht gerade die lebendige Entwicklung und die daraus resultierende „Zusammengesetztheit" jedes einzelnen Gebäudes, die den Reiz, die Individualität und den Zauber historischer Architektur ausmachen? Die Kirchenbauten der Angelsachsen glänz-

Abb. 24
Die Abteikirche von Westminster in der unter Edward „dem Bekenner" errichteten Bauform.

ten besonders „im kleinen Format", wenn auch auf eigene Weise schmuckreich. Einer der ältesten bis heute existierenden Kirchenbauten der britischen Inseln ist **St Laurence in Bradford on Avon** (Wiltshire), ein winziger Steinbau, der im frühen 8. Jh. entstanden und im Wesentlichen unverändert sein soll. Ebenfalls berühmt ist die **Allerheiligenkirche von Wing** (Buckinghamshire), nordwestlich von London. Auch ihre frühesten Teile gehen aufs 8. Jh. zurück. Sie hat eine gemauerte Apsis, was für angelsächsische Formen ungewöhnlich gewesen zu sein scheint. Viele frühe Sakralbauten waren nämlich zunächst aus Holz errichtet wie die **Kirche von Greensted** in Essex. Auch da, wo in Stein gebaut wurde, sind gewisse Formelemente von Holzkonstruktionen beibehalten worden wie an der **Kirche von Earls Barton** in Northamptonshire. Einen besonderen Umgang mit architektonischer Tradition repräsentiert die **Kirche St Mary in Castro** auf der Festungshöhe von **Dover**. Sie stammt ursprünglich wohl aus der Zeit um das Jahr 1000 und ist unmittelbar an die Ruine eines römisch-antiken Leuchtturms angebaut, den man dabei kurzerhand zum Glockenturm umfunktioniert hat. Spektakulär anders präsentiert sich damals Westminster Abbey: Der Neubau König Edwards (Abb. 24) ist bereits ein Vorgriff auf normannische Architekturformen!

Architektur „mit Zukunft"

Was also ist und was bezweckt „normannische Architektur"? Sobald Wilhelm „der Bastard" als Herzog fest im Sattel sitzt, beginnt eine Phase allseitiger politischer und militärischer Aktivität. Da ist es nicht verwunderlich, dass auch im Bauen ein typischer eigener Weg gesucht wird, ein Schritt, der zu klar ausgeprägten Strukturen drängt und groß angelegte Repräsentation für die mit kirchlichen Kräften verbundene Herrschaft ermöglicht. Wie steht diese Baukunst im Kontext der Epoche?

Die „Große Furcht des Jahres 1000" als eine Panik des ganzen Abendlandes vor dem nahen Weltende ist längst als eine „Historiker-Legende" erkannt worden. Dennoch ist es richtig, dass sich im 11. Jh. die Welt allenthalben „mit einem weißen Mantel von Kirchen" bekleidet (Michelet). Ein Aufschwung, der zu einem neuen Stil führt, welchen wir heute „romanisch" nennen. Dafür muss es wohl ein ganzes Bündel von Ursachen gegeben haben: zivilisatorische und wirtschaftliche Fortschritte, das Aufblühen der klösterlichen Bewegungen und gegen Ende des Jahrhunderts die Kreuzzugsbegeisterung, vor allem aber die große Kirchenreform, die nun ihre Blütezeit erlebt und der mit dem gigantischen und prunkvollen Neubau von „Cluny III" (ab 1088) in Burgund ein Zeichen gesetzt wird. Einer der stärksten architektonischen Impulse der Epoche! Ein anderes Zentrum von ausstrahlender Bedeutung entsteht jedoch in der Normandie …

„Kühnheit und Konsequenz" nennt G. Metken als stärkste Eigenschaften der Normannen, Eigenschaften die nicht nur ihr politisches Handeln zeigt, sondern auch der „berechnete

Wagemut ihrer Kirchenräume. (...) Hier herrschen Klarheit und Durchlichtung."* Tatsächlich treten die charakteristischen Neuerungen dieses zukunftweisenden Baukonzeptes praktisch gleichzeitig mit der Eroberung Englands in Erscheinung. Können Gewalt und Ästhetik gemeinsame Wurzeln haben?

Die Abtei von Jumièges, eine der reichsten im Herzogtum, erhält in den Jahren 1040–1067 eine neue große Kirche, die zum Vorbild für viele andere Bauten wird (S. 125). Noch deutlicher manifestiert sich das „normannische System" an den beiden Abteikirchen des Herzogs und der Herzogin in der von ihnen bevorzugten Stadt Caen (S. 124), ganz besonders am Bau von Saint-Etienne (1064 oder 1066 begonnen, 1077 geweiht). Diese Architektur ist geprägt von einer strengen, klar vereinfachten Gliederung bei imposanter Wirkung und einer gleichzeitig rationalen und rationellen Verwendung des Materials.

Die deutlichsten Kennzeichen dieser Formentwicklung sind: Größe, straffe Gliederung mit betonter Höhenentwicklung und imposante Außenwirkung, zum Beispiel durch eindrucksvolle Doppelturmfassaden. Vom „normannischen Stützenwechsel", bei dem jedes zweite Trageglied stärker ausgebildet ist, führt die Entwicklung zu einem „Gleichschritt" von Mittel- und Seitenschiffen, also zu einer klaren Vereinheitlichung wie bei Saint-Etienne in Caen. Im Obergeschoss strebt man zur Erleichterung der massiven Wand durch „Doppelschaligkeit" und zu großen Fenstern. Das alles sind Motive, die – im Rückblick wird uns das klar! – bereits den Weg zur gotischen Architektur vorbereiten. Ein weiterer Schritt zu diesem neuen System ist die Einführung des Triforiums, einer schmalen Bogengalerie bzw. eines Laufgangs zwischen Arkaden und Obergaden. Dadurch werden die raumgreifenden Emporen verdrängt. Bei Sainte-Trinité in Caen ist diese Entwicklung angelegt, bei Saint-Georges-de-Boscherville (erbaut 1113–1140) ist sie vollendet. Zwar gibt es an manchen frühgotischen Bauten durchaus noch „altmodische" Elemente, aber im Chor der Klosterkirche des Abtes Suger in Saint-Denis bei Paris (begonnen 1140) findet sich dann ein schlüssig angelegtes „gotisches" System.

Die große Zeit eigenständiger Architekturformen in der Normandie ist also das 11. Jh. Dann wechseln mit der Invasion Englands Baugesinnung und Formensprache auf den neuen „Schauplatz", und dort entstehen auch im 12. Jh. noch große normannische Bauten.

Siegeszeichen: Normannische Kathedralen in England

Mit den großen Neubauten von Kathedralen und Klosterkirchen demonstriert die neue englische Führungselite ihre Präsenz und ihren Herrschaftsanspruch. Zugleich bereitet sich, ganz so, wie wir es bereits in Frankreich gesehen haben, das grandiose Konzept der hohen Gotik vor. Damit beginnt, wie U. Fischer schreibt, „nun ernsthaft im normannischen Sakralbau das Streben nach Größe und Monumentalität, der Wettbewerb um die gewaltigste Kathedrale".* Größe wird entscheidend, denn es geht um Prestige für die Kirchenpatrone und vor allem für die Kirchenfürsten. Zudem wird deren Rang im politischen und gesellschaftlichen Gefüge der Monarchie unterstrichen, denn ein weiteres Ziel ist es, „dem Königtum einen würdigen Repräsentationsrahmen für öffentliche Auftritte" zur Verfügung zu stellen. Also eine Architekturentwicklung, die klar im Dienst der neuen Monarchie steht. Sie erzeugt Beeindruckung, ja Einschüchterung des Volkes, bei dem noch lange Zeit eine deutliche Ablehnung der normannischen Oberschicht zu beobachten ist. Aber es geht auch darum, im Herrschaftssystem die Positionen der rivalisierenden Kirchenfürsten herauszustellen und gegeneinander abzugrenzen.

Das geistliche Zentrum Englands ist seit Langem Canterbury. Daran änderte sich auch unter der neuen Herrschaft nichts. Das Erzbistum wird mit Lanfranc besetzt, der ein enger Vertrauter König Wilhelms ist. Zugleich wird ein Neubau der Kathedrale erforderlich, von dem wir freilich heute kaum noch etwas sehen, weil abermalige Erneuerungen das Bild wiederum verändert haben.

In der normannischen Kirchenpolitik gewinnt die Kathedrale **St Peter and St Swithan in Winchester** besondere Bedeutung. Hier, in der alten sächsischen Königsstadt, wird 1070 der Normanne Wakelin als Nachfolger für Bischof Stigand eingesetzt; er ist ein Geistlicher vom Domstift Rouen und auch er steht dem König nahe. Er gibt sich keineswegs mit der vorhandenen traditionsreichen und durchaus stattlichen Anlage des „Old Minster" zufrieden, sondern nimmt schon 1079 einen Neubau in Angriff, der geradezu den Schritt in eine neue Dimension markiert. Schon die reinen Abmessungen sind aufsehenerregend, aber es sind auch noch weitere Gestaltungseigenschaften, die imposante Wirkung garantieren (S. 133 f.). Das Vorbild von Winchester findet rasch Nachahmung, so in der **Abteikirche von Ely**, wo Wakelins Bruder Simon Abt wird, in der **Kathedrale von Worcester** unter Bischof Wulfstan, der schließlich als einziger Angelsachse noch amtiert, und in der **Abteikirche St Mary in York**.

Ein klares Bild normannischer Baukonzeption finden wir aber auch in „kleinem Rahmen", zum Beispiel an der Pfarrkirche **St Michael und St Mary** in **Melbourne** (Derbyshire), weitgehend erhalten geblieben. In diesem Rahmen ein ehrgeiziges Konzept, und so ist der Bau denn auch treffend als „Kathedrale in Miniatur" bezeichnet worden. Die Kirche **St Kyneburgha in Castor** (Cambridgeshire) steht im Kontext römischer Tradition und hatte einen sächsischen Vorgängerbau. Ihre normannische Erneuerung ist berühmt wegen der hauptsächlich ornamentalen Bauskulptur, besonders am grandiosen Vierungsturm, und sie wird mit Recht zu den 100 eindrucksvollsten Kirchen des Landes gezählt. Wo die normannische Kunst sich in figürlichem Schmuck ausdrückt, werden durchaus auch Motive präsentiert, die zum Strom antiker Überlieferung in der Romanik gehören, ein Beispiel sind die „Meerleute" am **Taufstein von St George in Anstey** (Hertfordshire), deren Körper freilich an die Form von Drachenbooten erinnern.

Das „verwaltete" Königreich

Neben Burgen- und Kirchenbau darf ein dritter Grundaspekt der Konsolidierung in Wilhelms neuem Königtum nicht übergangen werden: die Schaffung und Stärkung einer fast „modern" anmutenden Verwaltungsstruktur – ein Weg, auf dem die Nachfolger des Eroberers weiter fortschreiten werden. Dieses Bestreben findet seinen klarsten Ausdruck im „*Doomsdaybook*" (auch „*Domesday Book*"), einem Register in das nach Art eines Grundbuches das gesamte Eigentum an Ländereien im Königreich eingetragen wird. Da spiegeln sich also die Besitzverhältnisse, wie sie nach der Enteignung bzw. Vernichtung der vorherigen Adelsschicht aussehen: Als Lehnsträger treten nun die normannischen Gefolgsleute des Königs auf, vor allem die wichtigsten Paladine der Eroberungsphase. Weniger als einem Dutzend von ihnen gehört nun etwa die Hälfte des Reiches. An der Spitze dieser Riege stehen Odo, Bischof von Bayeux, Earl von Kent und Vizekönig in England, sowie Roger de Montgomerie, Earl von Shrewsbury, und Robert, Graf von Mortain, Earl von Cornwall, alle drei Halbbrüder Wilhelms, und auch die weiteren „Spitzenreiter" sind fast alle mehr oder weniger eng mit ihm verwandt.

Außerdem enthält das Buch gesetzliche Regelungen, u. a. bezüglich der Strafen für „Friedensbruch". Der Name – „Buch des Jüngsten Tages" – soll wohl zum Ausdruck bringen, dass die darin festgeschriebenen Verhältnisse „bis ans Ende der Welt" Gültigkeit haben.

Ritter, Bauer, Gentleman – Kultur, Sprache, Lebensweise

In Rudyard Kiplings Episoden-Roman „Puck" finden Angelsachsen und Normannen nach kurzer Konfrontation in Freundschaft zusammen. Das mag in Einzelfällen vorgekommen sein, typisch war es sicher nicht. Vielmehr entstand im Volk ein über Generationen währender Groll gegen die Okkupation und die Arroganz der neuen Oberschicht. Das bringt Walter Scott in seinem Roman „Ivanhoe" zum Ausdruck: Hier unterhält sich ein Hofnarr mit einem Schweinehirten und erklärt ihm die Unterschiede von Tiernamen: „Wenn das Viech lebt und von ´nem sächsischen Leibeignen gehütet wird, dann hat´s seinen sächsischen Namen, aber ´s wird ´n Normanne, wenn´s … den edlen Herren zum Mahle aufgetischt wird." Beispiele: *Swine/Porc* = Schwein oder *Ox/Beef (Bœuf)* = Ochse bzw. Rind.*

Tatsächlich ist der Ursprung vieler aus dem Französischen stammender Vokabeln und Redewendungen der englischen Sprache auf die Invasion der Normannen zurückzuführen. So etablierten sich durch die neue Aristokratie bereits in der ersten Zeit Begriffe wie: *noble, baron, dame, servant oder messenger*. Und der Sprachgebrauch ist, wie so oft, nichts anderes als ein Spiegel für Lebensformen und Gesellschaftsstruktur.

> *„Er wurde von seinen Soldaten geliebt,*
> *aber von seinem Volk gehasst, weil er es ausgeplündert hat."*
> Wilhelm von Malmesbury über Wilhelm II. „Rufus"*

Wilhelms Ende und seine Nachfolge

Der Eroberer hat sich auf dem Königsthron behauptet und seinem Königreich klare Formen aufgeprägt, aber die endgültige Festigung des von ihm geschaffenen Staates erfolgt erst nach seinem Tod. Was seine Aufgabe zusätzlich erschwert, ist die Tatsache, dass er auch in dem ihm angestammten Herzogtum, der Normandie, politisch Stärke beweisen muss. Denn auch dort wäre es verhängnisvoll, wenn er die Zügel schleifen ließe. So zeigt er bereits 1067 mit triumphalen Festen Präsenz. Der Wandteppich von Bayeux kann bei dieser Gelegenheit wohl noch nicht präsentiert worden sein. Selbstverständlich bleibt die Herrschaft voller Spannungen, nicht zuletzt durch Gegenkräfte in der eigenen Familie. Und in der großen Politik muss er einen Balanceakt meistern. Schließlich ist er als Herzog weiterhin Vasall des Königs von Frankreich, während er demselben Mann als englischer König „von gleich zu gleich" begegnet.

In den späten Jahren seines Lebens neigt Wilhelm zu Korpulenz und Unbeweglichkeit. Aber Kämpfe und Auseinandersetzungen bleiben sein Lebenselement. Anlass seines Todes wird schließlich ein Sturz vom Pferd, der wohl innere Verletzungen hervorgerufen hat. Er stirbt am 9. September 1087. Berichte von der Beisetzung in Caen besagen, sein Leibesumfang sei so groß gewesen, dass es Mühe bereitet habe, ihn ins Grab zu senken. Die letzte Ruhe findet er in „seiner" Abtei Saint-Etienne in „seiner" Stadt Caen. Aber selbst diese Ruhe ist nicht von Dauer. Heute ist das Grab so gut wie leer und die sterblichen Reste müssen als verschollen gelten (S. 125).

Die Nachfolgeregelung ist dem Sterbenden nicht leicht gefallen. Robert, seinem ältesten Sohn, will er die Krone nicht überlassen. Dieser wird jedoch Herzog der Normandie, obwohl Wilhelm dieses Gebiet eigentlich nicht von England hat trennen wollen. Wilhelm II. „Rufus" wird König und seine Regierungsführung hinterlässt wenig Sympathien, als er an einem Unfall stirbt – oder einem Anschlag zum Opfer fällt (wieder eine offene Frage!). Und der Nachfolgekampf der Brüder bleibt keineswegs aus, bis Heinrich I. die Krone trägt, dem der Vater zuvor ein beträchtliches Vermögen hinterlassen hatte – um ihn ruhig zu stellen? Dieser Mann wird sich als sachkundiger Monarch erweisen, aber auch ihm wird es nicht gelingen, sein Erbe so zu regeln, dass dem Land verheerende Kämpfe erspart bleiben …

Englische Könige nach Wilhelm „dem Eroberer"

Wilhelm II. „Rufus" („der Rote" – wohl wegen seiner Gesichtsfarbe), reg. 1087–1100
Erbt das Königreich von seinem Vater „dem Eroberer", wogegen in der Normandie sein älterer Bruder Robert „Kurzhose" regiert. Ist wegen seiner heftigen Wesensart nicht sehr beliebt. Konfrontationen mit dem König von Frankreich. Stirbt in der Nähe von Winchester durch einen Jagdunfall – oder war es Mord?

Heinrich I. „Beauclerc" (etwa: „Schöngeist" – wegen seiner Gelehrsamkeit), reg. 1100–1135
Bruder des Vorigen. Siegt 1106 im Kampf gegen seinen Bruder Robert, der ihm die Krone streitig macht. Nun wird die Normandie wieder in Personalunion mit dem englischen Königreich regiert. Wehrt auch den Angriff seines Neffen Wilhelm Clito ab (1119). Profunder Ausbau des Verwaltungssystems. Bestimmt nach dem Tod (1120 bei einem Schiffbruch) seines Sohnes Wilhelm Etheling, der zuvor König Ludwig VI. von Frankreich gehuldigt hatte, seine Tochter Mathilde zur Thronerbin.

Stephan (Etienne de Blois), reg. 1135–1141
Neffe des Vorigen. Reißt die Herrschaft im anglo-normannischen Reich an sich, indem er sich über den Anspruch seiner Kusine Mathilde hinwegsetzt. Es folgt ein Bürgerkrieg („the anarchy"). Stephan unterliegt 1141 in der Schlacht von Lincoln und wird gefangengesetzt.

Mathilde „Empress" („die Kaiserin" – weil bis 1125 mit dem deutschen Kaiser Heinrich V. verheiratet), reg. 1141
Die Tochter Heinrichs I. gelangt nur für kurze Zeit an die Macht, es kommt aber nicht zur Krönung. Muss nach der Schlacht von Winchester (1141) ins Exil. Gibt den Kampf jedoch nicht auf. Sie heiratet Gottfried Plantagenet, Graf von Anjou.

Stephan (s. o.), reg. wieder 1141–1154
Muss 1144 die Normandie an das Haus Anjou abtreten. Der Pantagenet wird dort mit Zustimmung des Adels Herzog und gibt diese Würde 1150 an seinen Sohn Heinrich („Kurzmantel"). Dieser huldigt 1151 König Ludwig VII. von Frankreich und erhält dadurch auch von diesem die

Anerkennung als Herzog der Normandie. Stephan muss schließlich (im Vertrag von Wallingford, 1153) diesem Sohn Mathildes das Erbschaftsrecht auf die englische Krone zugestehen.

Heinrich II. *„Courtmanteau"* (Kurzmantel) bzw. **„Fitzempress"** (Sohn der Kaiserin), reg. 1154–1189

Mit seiner Thronbesteigung endet in England und in der Normandie, obwohl es sich in weiblicher Linie um den Enkel Heinrichs I. handelt, im eigentlichen Sinn die Herrschaft der „Rolloniden". Er heiratet **Eleonora von Aquitanien**, gewesene Königin von Frankreich, und begründet damit das „angivinische Reich", das England und die Normandie sowie umfangreiche weitere Besitzungen auf dem Kontinent umfasst. Mit ihm beginnt in England das Königtum des Hauses Plantagenet. Die Normandie verbleibt bis 1204 im Verband dieses Königreiches – und zwar unter **Heinrich dem Jüngeren, Richard I. „Löwenherz"** und **Johann „Ohneland"**, der 1204 den Verlust der Normandie an Frankreich vertraglich anerkennt. Bei dieser Zugehörigkeit wird es dann bleiben, auch wenn im 100-jährigen Krieg noch einmal englische Truppen zurückkehren.

Auf den Spuren der Geschichte ...

Es ist eine eigene Sache mit der Magie historischer Stätten. Manche von ihnen können uns vollständig in die Ereignisse der Vergangenheit hineinversetzen, sodass es uns fast vorkommt, als seien wir mitten im Geschehen. Es mag die Formation einer Landschaft sein, ein Weg oder ein altes Gebäude (bzw. das, was von ihm übrig ist). Manchmal wird der Eindruck einer Atmosphäre so stark, dass wir glauben, ins Leben einer anderen Zeit zu blicken – auch wenn da manches verändert ist und viele Fragen auftauchen. Am Beispiel von Battle haben wir das durchgespielt. Doch viele andere Orte bieten sich ebenso an!

Und so wird Geschichte wirklich zum Abenteuer, auch für uns: Wenn wir Schauplätze suchen, unmittelbare Begegnungen finden, Ereignissen nachspüren, „Atmosphäre schnuppern". Deshalb soll dieses Buch auch eine Anregung sein, sich auf die „Spuren der Geschichte" zu begeben, zum Teppich von Bayeux beispielsweise oder in die Ruinen der Abteikirche von Jumièges, auf das Schlachtfeld von Hastings (durchaus eingedenk der Zweifel an Ort und Überlieferung) oder nach Waltham Abbey, wo die Erinnerung an König Harold mit dem Baustil zusammentrifft, der mit Wilhelm „dem Eroberer" nach England gekommen ist. Natürlich gehört zu solchen Streifzügen auch das Erlebnis der heutigen Atmosphäre, von menschlicher Umgebung, Natur, Wetter und Jahreszeit ...

Orte, Bauten und Erinnerungen

Aus meiner Sicht bieten historische Bauten ein besonders hohes Maß von „Anmutung" jenes Lebens, für das sie errichtet wurden und dessen Funktionen sie verkörpern. Städte,

Burgen und vor allem Kirchen stehen deshalb im Mittelpunkt der folgenden durchaus persönlichen Auswahl. „Schon wieder eine Kirche?", wurde ich einmal gefragt. „Du bist doch gar nicht das, was man einen frommen Menschen nennt!" Stimmt schon. Aber in den Gotteshäusern (aller Religionen) zeigt sich mir so konzentriert und ausdrucksstark wie kaum irgendwo sonst, was Menschen gefühlt und gedacht, gehofft und gefürchtet haben – und damit ist für mich an diesen Orten die Essenz menschlichen Lebens gegenwärtig ...

Auf beiden Seiten des „Kanals"

Die Ähnlichkeiten zwischen der Nordküste Frankreichs und der Südküste Englands beginnen schon bei der Geologie: Kreidefelsen, zu gewaltigen Klippen aufgetürmt, bilden an vielen Stellen die schroffen Kanten beider Küsten; das sieht an den „*White cliffs*" von Dover fast ebenso aus wie an der „*Falaise d´Amont*" bei Étretat. Wir haben es mit Kalkablagerungen zu tun, Muschelschalen und anderen Köperresten kleiner und winziger Meeresorganismen. Diese Entstehungsgeschichte vermittelt jedem Betrachter eine Ahnung vom fast unvorstellbaren Zeitmaß im Ablauf erdgeschichtlicher Entwicklungen. Wie kurz ist dagegen Menschenzeit, sind tausend Jahre, die wir schon fast für eine Ewigkeit halten ...

Die Nähe des Meeres wirkt sich nicht nur auf das Klima aus (obwohl es in der Normandie – genau wie in Südengland – durchaus nicht so oft regnet, wie böse Zungen gern behaupten!). Und die Küstenlage bestimmt auch keineswegs nur die Vegetation, sondern sie prägt ganz entschieden auch den Typus derer, die dort leben. Immer wieder trifft man auf „Menschen vom Meer". Seefahrt, Fernhandel und Fischerei haben große Tradition und das reicht gerade im Inselreich Britannien und ebenso in der Normandie über viele Generationen zurück.

Auf dem Gebiet der Sprache lässt sich übrigens nicht nur „das Französische im Englischen" nachweisen; es unterscheidet sich auch das normannische Französisch in manchen Details von der „Standardsprache" der Nation, und zwar handelt es sich dabei – bezeichnenderweise! – oftmals um Parallelen zum Englischen; so ist zum Beispiel das Wort für „Garten": „*gardin*" (französisch: „*jardin*"; englisch: „*garden*").

Unterwegs in der Normandie

„Wenn Frankreich ein Garten ist", schreibt Jean Chatelain, „dann ist die Normandie seine Obstwiese. (…) Grün ist die *Couleur* der Normandie."* Dieser Eindruck bestätigt sich bereits bei flüchtigem Hinschauen. Das Gras, die starken Bäume, die frischen Äpfel: Eine in der Vielfalt ihrer Schattierungen unendliche Sinfonie strahlend-satter Farbenklänge. Diese Vegetation lebt von der Kraft des Bodens und vom feuchten Klima, denn immerfort segeln vom Meer her Wolken übers Land oder silbriger Nebeldunst, auch er aus der See geboren, füllt die kühle Luft mit dem Perlenschimmer ihres salzigen Atems. Das alles sind, wie wir sehen werden, atmosphärische Charakteristika, in denen das Land, aus dem die Normannen 1066 aufgebrochen sind, jenem Land sehr ähnlich ist, das sie erobert haben.

Auf dem Boden des alten nordfranzösischen Herzogtums gibt es so viele Erinnerungen an das Geschehen von damals, an seine Vorgeschichte und seine Auswirkungen, dass wir in dem Rahmen, den wir uns hier vorgenommen haben, unmöglich alle in Frage kommenden Orte würdigen können. Deshalb müssen wir auswählen und einige Plätze, die von exemplarischer Bedeutung sind, näher ins Auge fassen. Aber gleichzeitig dürfen auch das Übergreifende und die Atmosphäre nicht zu kurz kommen. Denn wenn man aufbricht, um Spuren der Geschichte zu suchen, wäre es schade, wenn man die lebendige Gegenwart versäumen würde: das Land und seine Menschen, die einem begegnen …

Vom „Damals" zum „Heute"

Herzog Wilhelms Griff nach der englischen Königskrone kann als Ausdruck jener ehrgeizigen Unternehmungslust verstanden werden, die offenbar zum normannischen Charakter gehört. Nach der Eroberung des Inselreiches werden England und die Normandie in Personalunion regiert: das „anglo-normannische Reich". Dann, bei der Ablösung der Rollo-Dynastie durch die Plantagenets, wird diese Konzeption zum „angevinischen Reich" erweitert. Schließlich erfolgt mit dem Einmarsch der Truppen König Philipps II. August ein fester Anschluss der Normandie an Frankreich. Die Spannungen zwischen den Königreichen England und Frankreich dauern allerdings fort und führen zum berüchtigten „Hundertjährigen Krieg". Übrigens: Die normannischen Kanalinseln sind bis heute (Kron-) Besitz der englisch/britischen Monarchen und auf diese Weise lebt der Titel „*Duke of Normandy*" immer noch weiter.

Die historische Provinz teilte sich in die Regionen „Obere Normandie" (Haute-Normandie) am Unterlauf der Seine und „Untere Normandie" (Basse Normandie) im Westen mit der Halbinsel Cotentin. Nach der Neugliederung Frankreichs in der großen Revolution besteht die Haute-Normandie (Hauptstadt: Rouen, das früher einmal Kapitale der ganzen Provinz gewesen ist) aus den Departements Seine-Maritime und Eure, zur Basse-Normandie (Hauptstadt: Caen, das unter Wilhelm „dem Eroberer" bevorzugter Sitz des Herzogtums war) gehören die Départements Orne, Calvados und Manche.

> *„Der Geist meiner Heimat war in einem Apfel enthalten."*
> Lucie Delarue-Mardrus, Dichterin, geboren in Honfleur*

Essen und Trinken in der Normandie

Die Normandie sei von Natur aus keine wirklich reiche Scholle, so heißt es, aber die Normannen hätten stets die Gabe gehabt, das Beste daraus zu machen. Zum Erlebnis einer solchen Landschaft und ihrer Menschen gehört selbstverständlich auch ein Blick auf Genüsse wie Essen und Trinken, wenn wir solche „Ausflüge" auch knapp halten müssen. Grundsätzlich kann eben ein „handliches Kompendium", wie es dieses Buch nun einmal sein soll, bei einer derart breit gefächerten Thematik nicht in jedem Punkt erschöpfend sein. Das, liebe Leser/innen, kann aber dadurch ausgeglichen werden, dass an manchen Stellen Tipps gegeben werden, wie und wo man weiterführende Informationen bekommt.

Die „Trinität" berühmter Namen ist allen gegenwärtig – die drei großen „C": Cidre, Calvados und Camembert. Der wundervoll frische und prickelnde Apfelwein Cidre wird aus der „Charakterfrucht" der Normandie gewonnen, dem Apfel, welcher auch sonst in der Küche der Landschaft eine besondere Rolle spielt. Dieses Getränk ist übrigens (als „*Cider*") auch in England heimisch geworden. Auch der Calvados, jener berühmte Branntwein mit der sanft bersteingoldenen Färbung, entsteht aus Äpfeln. In seinem Namen ist eine der typischen Landschaften der Normandie vergegenwärtigt, ein hügeliger Küstenstreifen mit langen, teils offenen, teils felsigen Stränden, und nur, wenn der köstliche Tropfen eben dort destilliert worden ist, darf er tatsächlich so heißen. Und schließlich der Camembert! Wer denkt noch darüber nach, dass auch er nach einem Stück Normandie benannt ist? In einem Dorf bei Vimoutiers (Orne) soll diese nobel-aromatische Käsedelikatesse zur Welt gekommen sein, etwa zur Zeit der Französischen Revolution, und als Geburtshelfer nennt die Legende eine normannische Bäuerin sowie einen Abbé aus der Gegend von Brie – auch die Heimat eines berühmten Käses, mit welchem der Camembert verwandt ist. A. Blondin schreibt: „Der Camembert ist ein Herr, der sich auf einen bestimmten Tag, beinahe zu einer bestimmten Stunde verabredet. Pünktlichkeit ist seine königliche Tugend."* Denn Reife und Veredelung dieses Edelkäses sind genau bemessen und auf einer gepflegten Tafel sollte er seinen Auftritt weder zu früh, noch zu spät erleben.

Mit Erwähnung der Sahne ist übrigens auch bereits das Stichwort für viele andere Spezialitäten gefallen. Denn der Rahm von der Milch normannischer Kühe gehört unabdingbar zur Küche der Region, von ihren üppigen Saucen bis zu den schmeichlerischen Süßspeisen. Und schließlich die „Früchte des Meeres"! Fisch, Muscheln, Hummer. Wer nicht die *„fruits de mer"* mit knuspriger Kruste überbacken in einem der Restaurants am alten Hafenbecken von Honfleur gekostet hat, der ist nicht wirklich in der Normandie gewesen …

Ziele im „grünen Land"

Wer auf den Spuren Herzog Wilhelms wandelt, sollte in **Falaise** beginnen, am Geburtsort des Eroberers. Hier ragt die mächtige Burg (Museum) auf (Abb. 25), in der er zur Welt gekommen ist, und hier steht das berühmte Reiterdenkmal, das ihm mit dem Banner des Sieges darstellt. Von dort aus mag es weiter gehen … Auf jeden Fall nach Bayeux zur Kathedrale Bischof Odos und vor allem zum grandiosen „Teppich" (S. 92 ff.).

Abb. 25   Das Schloss von Falaise.

Caen, die Stadt des Herzogs

„An einer Wegbiegung hatte ich auf einmal jenes besondere Lustgefühl, das keinem anderen glich, beim Anblick der beiden Kirchtürme von Martinville, auf denen der Widerschein der untergehenden Sonne lag und die infolge der Wagenbewegung und der Windung der Straße den Platz zu wechseln schienen …" Diese Illusion einer Art von Ballett, welches von fernen Türmen in einer weiten Ebene aufgeführt wird, schildert mit beredten Worten der leidenschaftliche Beobachter seiner Umwelt Marcel Proust. Zwar lokalisiert er das Erlebnis an einem imaginären Ort in der ziemlich fernen Beauce, aber es ist gewiss mit Recht vermutet worden, dass die Beobachtung eigentlich in der Normandie zu Stande kam, nämlich angesichts der Türme von Caen.* Tatsächlich hat die Küstengegend der Normandie im Leben des Dichters eine bedeutende Rolle gespielt.

So eingestimmt betreten wir die Stadt, deren markantes Panorama auch uns schon aus der Ferne vor Augen gestanden hat. Für mich ist Caen die Stadt des Eroberers. Wilhelm hat sie planmäßig als ein Zentrum seiner Herrschaft ausgebaut, auch als er in England König geworden ist. Seine Hofhaltung konzentriert sich im **Schloss**, das sich heute als eine gewaltige Festung darbietet, freilich weitgehend im Zustand eines Ruinenkomplexes, der nach mancherlei historischen Wechselfällen 1944 noch einmal im Brennpunkt schwerer Kämpfe gestanden hat. Die Anlage begrüßt den Besucher mit wuchtigen Bollwerken und ist durch Festungstore zu betreten. Dann steht man in einem parkähnlich gestalteten Areal, das zwei Normandie-Museen beherbergt. Aus dem Mittelalter stammt die Kapelle Saint-Georges. Aber gleich allen Baulichkeiten, die man um sich sieht, geht sie nicht bis auf die Zeit des Eroberers zurück. Nicht einmal der große würfelförmige *Donjon*, das Schloss Heinrichs I. (um 1120), ist erhalten. Das Wohnschloss Wilhelms lag links davon und war ebenfalls wie ein Würfel geformt, wenn auch deutlich kleiner. Ein vergleichsweise bescheidener Palast. Aus der Herzogszeit stammt lediglich der „*Echiquier*" („Schachbrett", wohl wegen alter Schmuckformen), ein großräumig angelegter Hallenbau, der vermutlich als Empfangsforum gedient hat. Außerdem gibt es Spuren einer Schlosskapelle. Fantasie tut Not um sich diesen Komplex als Regierungssitz und Kommandozentrale des Herzogtums vorzustellen. Hier war der Ort für herrscherliche Repräsentation und die Demonstration militärischer Stärke, für Zeremonien und Prunkentfaltung – soweit diese Letztere mit dem eher spartanischen Geist des Normannenstaates vereinbar war. Adel und Hofleute gingen ein und aus, diplomatische Gäste, geistliche und weltliche Würdenträger wurden empfangen, Versammlungen einberufen, man ritt zur Jagd oder auf einen Feldzug und alle jene Funktionen, die zu der Hofhaltung eines Herzogs gehörten, der schließlich auch eine Königskrone trug, mussten hier erfüllt werden. Das betrifft Küche und Keller, Werkstätten, Stallungen, Dienerschaft und Kirchenämter sowie – nicht zuletzt – den Wach- und Garnisonsbetrieb. Verglichen mit solchem Aufwand bietet sich die Anlage in ihrem heute arrangierten Zustand recht still und einsam dar.

Vielleicht sind wir dem Eroberer und seiner Lebenswelt näher, wenn wir die beiden Kirchen aufsuchen, die von den aufwendigen Klostergründungen seiner Regierungszeit erhalten geblieben sind.

Saint-Etienne in Caen, die *Abbaye-aux-Hommes*, Abteikirche der Mönche, ist als eine Art Sühnezeichen für die anfangs mit päpstlichem Verbot belegte Eheschließung Herzog Wilhelms zu verstehen. Ihre Planung hängt wohl mit dem Kommen des Abtes Lanfranc (1063) zusammen. Die feierliche Weihe erfolgt 1077. Wir sehen einen Bau von „strenger Größe", der typische Züge normannischer Romanik präsentiert. Die imposante Doppelturmfassade hat eine geradezu triumphale Wirkung, was jeder Betrachter spürt, wenn er vor ihrer Riesengestalt den Kopf in den Nacken legt. Dem entspricht innen eine gleichmäßig-klare Gliederung des Kirchenschiffs. „Die dreischiffige Emporenbasilika romanischer Zeit", schreibt E. Adam, „hat in Caen die äußerste Grenze der Durchlichtung erreicht."* Mittelschiffsgewölbe und Chor stammen allerdings erst aus dem 12. bzw. 13. Jh. Im Chor wird 1087 Wilhelm „der Eroberer" beigesetzt. Das Grab ist jedoch später geplündert worden.

Ungefähr gleichzeitig entsteht die etwas kleinere *Abbaye-aux-Dames*, die Nonnenabtei **Sainte – Trinité** (Hl. Dreifaltigkeit), geweiht 1066, was aber nicht bedeutet, dass der Bau bereits fertig ist. Die Apsis repräsentiert in Vollendung das Konzept einer lichterfüllten doppelschaligen Wandgestaltung. Dieser Bau ist von Wilhelms Gemahlin Mathilde gestiftet, die hier ihr Grab erhielt.

Jumièges, eine „strahlende" Ruine

Wenn man diesen Ort zum ersten Mal im Frühling gesehen hat, kommt es einem vor, als sei genau das der einzig richtige Eindruck: frisches Wiesengrün mit dem Leuchten goldgelb aufsprießender Schlüsselblumen – „Himmelsschlüssel", wie man früher sagte – und darüber das silberne Gleißen einer Aprilsonne, die immer nur für kurze Augenblicke zwischen Wolkenfetzen und Regenschauern hervorbricht. Und in diesem Bühnenlicht steht der beinahe weiß glänzende Baukörper der gigantischen Abteikirche, die doppelt gewaltig wirkt, weil sie uns nur als Ruine erhalten ist. Da ragen die kantigen, wie aus Kristall geschnittenen Pfeiler und Mauerflächen, Bögen, Gesimse und die im oberen Teil achteckigen Turmkörper schwindelerregend in die Höhe. Beängstigend geradezu steht über unseren Häuptern die Westwand des Vierungsturms in der Luft – alles, was von ihm geblieben ist. Scharf umrissen hebt sich ihre Fläche ab, gefährlich emporgereckt, so als müsse sie im nächsten Augenblick dem Winddruck nachgeben. Der eine mag sich an ein ausgespanntes Segel erinnert fühlen, der andere an ein blankes Fallbeil, das gnadenlos herabsausen könnte. Und durch die leeren Fensteröffnungen blickt der Himmel. Jumièges ist heute noch einer der eindrucksvollsten Orte großer Architektur, die man sich denken kann.

Aber was für ein gewaltiger Komplex ist diese Abtei, etwas abseits vom Weltgeschehen im Flussbogen der Seine, in ihrer besten Zeit gewesen! Sie hat eine ehrwürdige Geschichte, die bis ins 7. Jh. zurückgeht. Von plündernden Wikingern zerstört, wurde sie auf Wunsch Herzog Wilhelms I. im 10. Jh. wieder aufgebaut. Der Neubau, dessen Ruine wir heute sehen, ist 1040 unter Abt Robert Champart begonnen worden. Sein Grundriss zeigt ein klar gegliedertes und fest verzahntes Schema: Einem Mittelschiffquadrat entsprechen beiderseits je zwei Seitenschiffsquadrate. Dadurch ergibt sich ein regelmäßiger Stützenwechsel. 1067 erfolgt die Weihe durch den Erzbischof von Rouen. Im Jahr nach Hastings! Wilhelm „der Eroberer" ist bei dem Fest zugegen. Später wird der Chor noch einmal geändert. Einige Teile des Vorgängerbaus sowie auch spätere Anklagen sind erkennbar. Ruine ist die Kirche seit den Religionskriegen (1562).

Weitere Ziele

So, wie man den alten Hafen von **Honfleur** mit seiner unvergleichlichen Atmosphäre sehen muss, so auch den **Mont-Saint-Michel**, die grandiose „Gottesburg" im Wattenmeer, das Wahrzeichen der Normandie. Im Baukomplex auf dem Gipfel steckt auch noch Substanz aus der Herzogszeit. **Coutances** hingegen zeigt die Vollendung hoher Gotik ebenso wie die mächtig ausladende Kathedrale in **Rouen**, der alten Provinzhauptstadt und Stadt der Jeanne d´Arc.

Für weitere Besuche empfehlen sich Évreux und **Fécamp** sowie die Küstenbäder und die Strände jener anderen großen Invasion, nämlich der von 1944 ...

Unterwegs in Südengland

Auch in Englands Süden liegt eigentlich die größte Attraktion jeder Reise im Zauber der Landschaft. Sie bietet sich abwechslungsreich und naturwüchsig dar. Ihr grundlegender Charakter wird geprägt vom Zusammenspiel vielfältig wiederkehrender und dennoch stets neu wirkender Elemente wie Wiesen und Wälder, Hecken und Ackerland. Diese Abfolge beginnt gleich hinter den Kreidefelsen von Dover, die unverkennbar das Gegenstück zu den nordfranzösischen *Falaises* sind, und sie zieht sich bis weit nach Westen hinüber und in den Norden hinauf.

Sehr rasch vollzieht sich, wenn man eine der größeren Städte verlässt, der Wechsel zur englischen *Countryside*, dem „Land", wo wir vor allem kleine oft idyllisch eingebettete Ortschaften und einzelne Gehöfte oder Landhäuser antreffen. Viele Gebäude sind wahre Schmuckstücke. In den Dörfern mit ihren Marktplätzen und Wirtshausschildern heben sich vor allem die Türme von Kirchen hervor, die nicht selten ihrerseits als wahre „Schatzkästlein" anzusprechen sind. Hier und da weisen uns Parktore und Herrenhäuser auf die immer noch fest verankerten feudalen Traditionen hin, von denen manche bis in die Zeit der normannischen Eroberung zurückgehen. Vor allem aber haben wir hier seit nahezu unvordenklichen Zeiten Bauernland, und das war es ganz entschieden bereits in der Ära der Angelsachsen.

„*Countryside*" – ein Glücksbegriff

Im Gesamtbild der Landschaft dominiert auch hier das natürliche Grün, das uns in einer überwältigenden Vielzahl von Schattierungen entgegentritt, besonders im Frühsommer, wenn Regen und Sonne in häufigem Wechsel die Vegetation sprießen lassen. Später dann wird dieses vitale Grün vor allem durch Gelb unterbrochen: die warme Farbe von reifendem Getreide und – heutzutage ebenfalls häufig – die kühlere Tönung von blühendem Raps. Rudyard Kipling, der hier heimisch wurde, beschreibt einfühlsam das Erlebnis seiner Auto-Touren: „Das mit verstreuten Orchideen bewachsene Flachland des Ostens wich dem Thymian, dem Ilex und dem grauen Gras der Downs …"* Über saftiges Wiesenland zieht der Duft von frisch gemähtem Gras. Bäche und kleine Flüsse spiegeln das Blau des Himmels oder vielmehr sein unendlich dahinziehendes Wolkenspiel.

Und hier nun kein Kapitel über die englische Küche? Sie ist nämlich keineswegs so verheerend, wie manchmal behauptet wird. Nun ja, mit der Finesse der französischen kann sie sich nicht messen – aber welche Nationalküche in Europa könnte das schon? Und wenn es darum geht, dass auch einfache und deftige Speisen ihren Reiz besitzen: Roastbeef und Wildbraten von „Old England" genau wie „Fish `n´ Chips" verdienen durchaus ein Lob. Und ist es nicht eine Besonderheit des gewesenen Weltreichs, dass es charaktervolle Spezialitäten aus vielen Ländern nach Britannien gezogen hat? Denken wir nur an die indische Küche! Und was eigentlich ginge über Tee mit „*Scons*"?

Am Weg der Eroberer

Auch auf englischem Boden gibt es so viele historische Erinnerungen an das Geschehen vor tausend Jahren, dass man – wie bereits in der Normandie – auswählen muss. Dabei wird es auch hier das Klügste sein, Wichtiges und Berühmtes mit eher Verstecktem zu verbinden, das nicht allgemeingültig sein mag, dafür aber Atmosphäre vermittelt, persönliche Eindrücke wiedergibt oder menschliche Aspekte eröffnet.

Die Landnahme der vom Kontinent eingedrungenen Sachsen und Angeln ist heute noch in den Namen mehrerer Grafschaften in Südengland erkennbar: zum Beispiel Sussex, Middlesex, Essex (das südliche, mittlere und östliche Gebiet der Sachsen). Man ahnt noch die früheren Stammesherrschaften, die später in das englische Königreich eingegangen sind.

Die Stadt **Hastings** lohnt durchaus einen Besuch; der „Rummel" im Strandbereich, der dem in Brighton kaum nachsteht, braucht jene, die solche Unterhaltung nicht schätzen, nicht abzuschrecken. Vom Schlachtort des Jahres 1066 sind wir hier jedoch noch ein ganzes Stück entfernt.

Die kleinen Orte an der Küste sind alle stets Ausgangspunkte für Seehandel und Fischerei gewesen. Manche wirken heute auf den ersten Blick etwas „dornröschenhaft" verträumt – wie das alte **Rye**, das früher ein wichtiger Hafen für den Schiffsverkehr zum Kontinent gewesen ist, ehe **Dover** in dieser Hinsicht beherrschend wurde. Wird es Dover auf die Dauer ähnlich ergehen, nun, da es den Tunnel gibt, dessen Eröffnung genau genommen die Insel-Existenz Britanniens beendet hat?

In **Pevensey**, mit seiner von den Normannen benutzten Römerfestung, und an vielen Orten in der ganzen Gegend beruft man sich mit Nachdruck auf die Ereignisse von 1066. Nicht alles, was dem Besucher gezeigt wird, ist wohl authentisch, aber man spürt, wie aktuell das Geschehen von damals noch heute – fast 1.000 Jahre später – in der Erinnerung weiterlebt. Mancher ist überzeugt, die Wege der Invasoren und ebenso die ihrer Gegner genau zu kennen. Und man bewahrt mancherlei Erinnerungsstücke. Auch an die sächsischen Traditionen erinnern heute neben vielen Namen von Orten, Hügeln oder Flüssen vor allem noch manche kleinere Kirchen – oder Teile ihrer Ausstattung.

Zentrum einer Welt-Nation: London und Westminster

Während die angelsächsische Lebensform überwiegend bäuerlich-ländlich geprägt war, ist einer der wichtigen Veränderungsimpulse, die nach der normannischen Eroberung mit Kraft einsetzen, die Förderung städtischer Zentren mit allen Folgen, die sich daraus ergeben. Handel, Geldwirtschaft, Aufstieg des Bürgertums zu Wohlstand, Bildung und politischer Mitsprache. Dieser Schritt ist nirgends deutlicher abzulesen als an der Geschichte von London.

Wenn wir die heutige Riesengestalt der Themse-Metropole betrachten, mag auf den ersten Blick nur wenig an die Welt des Mittelalters erinnern. Wie ein Moloch hat der urbane Organismus moderner Zeit die meisten Spuren früherer Entwicklungsstufen verschlungen. Dennoch lohnt es sich, auf die Suche zu gehen!

Bereits in der Zeit Alfreds d. Gr. ist London als ansehnlicher Ort etabliert und es entwickelt sich bald zu einem Markt von weitreichender Bedeutung. Die Stadt wird wohlhabend und gewinnt auch politisches Gewicht. So ist es die Londoner Bürgerschaft, die 1016 Edmund „Ironsides" zum Herrscher aussieht, und unter König Knut bringt sie ein Achtel des gesamten englischen Steueraufkommens bei. Auch die Wahl König Edwards („des Bekenners") wird von den Londoner Bürgern mit beeinflusst. Dieser Herrscher entzieht sich allerdings entschieden dem Dunstkreis der Stadt; er begründete ein neues höfisches Zentrum bei Westminster Abbey, wo eine neue Kirche und ein königlicher Palast entstehen. So bildet sich die Zweiteilung des Londoner Gebietes heraus, die bis heute im Gegensatz zwischen Westminster und der „City" manifest ist. Zwar sind diese Bereiche inzwischen längst zusammengewachsen, aber manches Detail verrät immer noch eine Kluft; so deutet der Name der Kirche „St Martin-in-the-Fields" („… in den Feldern") darauf hin, dass dort, wo sich heute der Trafalgar Square als eine zentrale Platzanlage hervorhebt, einstmals Wiesen und Felder gewesen sind.

Im weiteren Verlauf ihrer Geschichte ist die Stadt sorgfältig darauf bedacht gewesen, ihre Unabhängigkeit zu behaupten. Das geschah durch Privilegien, die u. a. die selbstständige

Bürgermeisterwahl, eigene Gerichtshöfe und die wirtschaftlich so entscheidenden Marktrechte sicherten.

Das heutige London begegnet uns als vitale und vielschichtige Mega-Stadt, die unendlich viele Reize zu bieten hat und niemanden kaltlassen wird. Doch kann hier nicht unser Ziel sein, diese Fülle auszuschöpfen. Wir wollen wiederum jene Aspekte herausgreifen, die Aufschlüsse zu unserem Thema versprechen.

Die Sakralarchitektur der Normannenzeit hat ihr erstes und wohl auch ihr prachtvollstes frühes Werk in London mit der Abteikirche von Westminster hervorgebracht – und das noch unter dem angelsächsischen Königtum! Es zeigte sich darin die Neigung Edwards „des Bekenners" zu allem Normannischen, die ihn in Gegensatz zu vielen seiner englischen Gefolgsleute brachte. Dieser Bau muss uns also interessieren. Leider wurde er später völlig verändert. Am besten ist der Normannen-Stil in London heute noch vertreten durch St Bartholomew-the-Great und St John´s Chapel im White Tower.

Der Kirche von **Westminster Abbey** entsteht am Ort einer viel älteren verfallenen Anlage. Der Bau wird im Stil normannischer Romanik konzipiert, der für England damals neu ist. Gleichzeitig entsteht ein königlicher Palast. So wird dem Komplex von St Paul´s in der City ein neues, herrscherliches Zentrum gegenübergestellt („Westminster" = das Kloster im Westen). Die Kirche wird 1065 geweiht und kurze Zeit später nimmt sie, wie dieser bestimmt hat, das Grab des Königs auf. Im folgenden Herbst kommt die normannische Invasion. Der Bau ist am Weihnachtstag 1066 Schauplatz der Königskrönung Wilhelms, des siegreichen Eroberers, und wie viele weitere englische Herrscher sind diesem Beispiel gefolgt! Außerdem wird Westminster Abbey Grabkirche der Dynastie und gewinnt als nationales Monument eminente Bedeutung. Von der Architektur des 11. Jhs. ist heute freilich nicht mehr viel zu sehen.

1163 wird Edward heiliggesprochen und um 1220 beginnt eine tiefgreifende Veränderung der Kirche im gotischen Stil. Durch diese Erneuerung bzw. zahlreiche An- und Einbauten entsteht das heutige Erscheinungsbild. Wenn man eine Vorstellung von der einstigen Wirkung haben will, empfiehlt sich ein Blick auf den Teppich von Bayeux. Dort ist eine freilich zeichenhaft abgekürzte Darstellung gegeben(vgl. Abb. 24). Wir sehen eine Art Längsschnitt mit rundbogigen Arkaden auf runden Stützen und besonders betont wird die Höhenentwicklung des Vierungsturms. Wir können uns vermutlich die Wirkung des Edward´schen Baus von Westminster Abbey am besten vorstellen, wenn wir uns das Bild der normannischen Abteikirche von Jumièges vor Augen halten. Die heutigen Klosteranlagen mit dem Kreuzgang und dem großartigen Kapitelhaus stammen ebenfalls weitgehend aus der gotischen Epoche. Dort befindet sich aber auch „Großbritanniens älteste Tür", die nach neuen dendrochronologischen Untersuchungen (Altersbestimmung von Hölzern) um 1050 angefertigt worden sein muss. Die schaurigen Geschichten, die mit ihr verbunden sind, dürften aber ins Reich der Fabel gehören.

Was uns bleibt, ist die **Kapelle Edwards „des Bekenners"** („Chapel of Edward the Confessor") im Ostteil des inneren Chorbereichs. Der **Schrein** des Monarchen ist allerdings erneuert, sowohl der untere Teil aus Marmor als auch der obere aus Holz. Ringsum befinden sich die Gräber von fünf weiteren Königen und drei Königinnen (deshalb auch „Königskapelle" – *Chapel of the Kings"*). Hier sind wir dem Herzen der britischen Monarchie sehr nahe. Man sieht auch den Krönungsstuhl (*Coronation Chair*), der heute noch beim Krönungsakt verwendet wird; dann bringt man ihn allerdings in den vorderen Teil des Chorbereichs (*„Sanctuary"*).

Der **Westminster-Palast** König Edwards „des Bekenners", der nahe am Lauf der Themse errichtet war, ist weitgehend Geschichte. Wilhelm I. hat die Anlage beträchtlich ausgebaut, um ein Äquivalent zu den prächtigen in Frankreich üblichen Palästen zu schaffen. Wilhelm „Rufus", der Sohn und Nachfolger des Eroberers, fügt **Westminster Hall** hinzu (1097). An diese bedeutenden Anlagen, die weitgehend verschwunden sind, erinnern noch ein Hallenbau in der heutigen Form und **St Stephen's Crypt (Chapel of St Mary)**. Was man den **Jewel Tower** nennt, ist der Rest eines königlichen Schatzhauses aus dem 14. Jh. Der neue „Palast von Westminster" (Charles Barry und Augustus Pugin, Wettbewerb 1835), jener monumentale Parlamentskomplex, in dem sich das „House of Lords" und das „House of Commons" befinden, ist auch heute noch das politische Zentrum der Nation.

St Bartholomew the Great in der City war ursprünglich die Kirche eines Augustinerkonvents, zu dem ein Hospital gehörte, beides 1123 begründet von einem Mann namens Rahere, der Höfling gewesen war und später Prior dieser Institution wurde. Er soll die Stiftung anschließend an einer Pilgerfahrt nach Rom vollzogen haben, wie es heißt, aus Dank für die Genesung nach einer schweren Krankheit. Von der früher wesentlich größeren Kirche ist der normannische Chor erhalten. Eine klar gegliederte Architektur mit mächtigen Rundpfeilern, einfach profilierten Kapitellplatten und rundbogigen Arkaden, darüber liegen Emporenöffnungen mit jeweils drei eingestellten Säulen und kleinen Rundbögen. In der Apsis wird das System steiler und verkürzt weitergeführt. Die übrigen Teile der Anlage sind später einschneidend verändert worden.

Und nun zum „**Tower**". Wilhelm „der Eroberer" ist offenbar in Sorge gewesen, die Bürger von London könnten sich gegen ihn stellen. Die Unruhen während der Krönungsfeier mögen ihm eine Warnung gewesen sein. So ist die Festung, die er am themseabwärts gelegenen Ende der City errichten lässt, wohl der wichtigste Wehrbau im neuen Reich (Taf. 8). Sie dient einerseits als Zwingburg gegen die Stadt, andererseits soll sie Feinde abwehren, die möglicherweise den Fluss heraufkommen. Ausmaß und Ausstattung sind der Bedeutung angemessen. Eine hölzerne Festung entsteht bereits 1067. Zehn Jahre später folgt die Ausführung in Stein; sie zieht sich bis 1097 hin und wird unter Wilhelm „Rufus" vollendet. Das Hauptgebäude, der „Weiße Tower" (benannt nach einer erst viel später erfolgten Farbgebung) ist auch heute noch Kern der gesamten, allerdings umfangreich erweiterten

Anlage. Es handelt sich im Grunde um eine typische „Normannenburg": ein wuchtiger Bauwürfel mit abweisenden Fronten nach allen Seiten und Wehrtürmen an den Ecken, drei viereckig im Grundriss und einer rund. Die Geschosse sind jeweils in eine große Galerie im Westen und zwei ungleich große Räume im Osten unterteilt. Der Bau ist in starkem Mauerwerk ausgeführt. Das Material kommt teils aus Kent und teils aus Nordfrankreich (Caen). Eine kleine Kapelle, dem hl. Johannes geweiht (1080), ist so eingefügt, dass sie über zwei Geschosse geht. Sie besitzt rundbogige Arkaden über wuchtigen Säulen und einfachen Kapitellen sowie auf der Chorseite einen Umgang. Der ganze Bau ist heute – wie die meisten später hinzugekommenen Festungs- und Palastanlagen des Tower-Komplexes – als historisches Museum ausgestattet. In einem gesonderten Gebäude zeigt man die Kronjuwelen der Monarchie (mit einem „Förderband" für die Besucher!).

So, wie er jetzt am Ende der City beim Übergang zu den neuen „Docklands" steht, ist der Tower eine der „heimgesuchtesten" Touristendomänen in London. Ein stetiger Strom von Menschen schiebt sich durch die Torwege und ergießt sich in die Höfe. Was einst herrscherlicher Sitz und Zwingburg war, ist nun ein Ort nimmer endenden Karnevals. Aber müssen wir **darauf** unseren Blick richten? So vieles bleibt und gibt trotz allem einen Blick auf „gewesene Wirklichkeit": Im Festungsgraben sind Bogenschützen angetreten, die in historischem Gewand vergessene Künste zeigen. Die stattlich uniformierten „Beefeaters" wachen an den Toren wie eh und je, und wenn wir nicht gerade einen sonnigen Tag für unseren Besuch wählen, kann es sein, dass sich ein Fetzen Londoner Nebels über die Rasenflächen legt, die Geräusche der großen Stadt plötzlich nur noch gedämpft herüberdringen und die Raben, die so ungerührt und selbstbewusst um die Papierkörbe stolzieren, uns so erscheinen, als seien sie und niemand sonst die wahren Herrscher der Geschichte …

Winchester

Es ist ein strahlender Morgen, als ich mich mit Kamera und Skizzenbuch der Kathedrale nähere. Die Dachflächen des riesigen Bauwerks leuchten, scharf abgegrenzt gegen einen Himmel wechselnder Wolkenformationen (Taf. 6b). Klar treten die prismisch wirkenden Formen des gigantischen Kirchenschiffs hervor. Sein schieres Riesenmaß ist es (heute noch – verkürzt! –168 m), was den ersten Eindruck bestimmt, und genau das ist die Absicht gewesen, als Bischof Wakelin sein Konzept entwarf. Ein religiöser und politischer Anspruch ersten Ranges soll erhoben werden und jeder, der sich diesem Bau nähert, muss sich winzig fühlen vor so einer Übermacht. Dieser Eindruck verstärkt sich noch, als ich durch das Westportal eintrete und die Perspektiven des Innenraums ihre geradezu schwindelerregende Wirkung entfalten. Klare, scharf umrissene Architektur in hellem Licht, eine schwungvoll-himmelstürmende Formenwelt. Und die reich gegliederten, bruchlos ineinander übergehenden Deckengewölbe unterstützen die Vision von Unendlichkeit. Aber halt! Was wir hier sehen ist nicht die Kirche von Wakelin. Es ist die neue Hoch- und Spätgotik des 14. und 15. Jhs. Eine atemberaubende, aber eine spätere Schöpfung. Wir müssen bis zum Querhaus gehen, um die normannische Substanz vor Augen zu haben, denn dort ist sie erhalten geblieben. Erst beim Zeichnen wird mir der elementare und geradezu dramatische Gegensatz völlig bewusst. Hier herrschen andere Elemente: Wuchtige Pfeiler in stark plastisch wirkender Entwicklung, kräftige Rundbögen, im darüberliegenden Geschoss wiederum rundbogig abgeschlossene Emporenöffnungen mit eingestellten Säulen und schließlich im Fenstergeschoss eine doppelschalige Öffnung der Wand mit laufgangähnlicher Struktur. Alles folgerichtig entwickelt, fest gefügt und zugleich von einer unbestreitbaren logisch begründeten Eleganz. Die Ähnlichkeit zur Formensprache der Bauten in Caen ist unverkennbar. Die ganze Konzeption unterstreicht den Eindruck von Klarheit und Weite, zum Beispiel durch die Mehrschiffigkeit auch im Querhaus und eine straffe Vereinheitlichung der umlaufenden Galerien. Schmuckformen hingegen sind sparsam eingesetzt. Wenn wir dies alles zusammennehmen, wird klar, dass Wakelins Konzept nicht nur durch seine Größe imponierte. Kein Wunder, dass gleich mehrere andere Bauherren dem Vorbild nachgeeifert und das vorgegebene Muster kopiert haben.

Im Chor der Kirche stehen wir vor einem kantigen steinernen Sarkophag. Lange hat man angenommen, hier ruhe der wenig beliebte Wilhelm II. „Rufus", der im Jahr 1100 im nicht weit entfernten New Forest – wie es heißt, durch einen Jagdunfall, vielleicht aber auch durch Mord – ums Leben gekommen ist. Neuere Auffassung besagt allerdings, es handle sich um ein Bischofsgrab.

Durham

Im Morgendunst erhasche ich den ersten Blick auf die Kathedrale. „Nein", denke ich, „so groß – das kann nicht sein ..." Aber es ist wahr: Auch dieser Bau ist riesig und er hinterlässt bei genauerer Betrachtung einen imposanten Eindruck, gleich, ob man sich von der Talseite her nähert und die Turmfront gewaltig über einem emporragt oder ob man über die Höhe kommt und es so scheint, als ziehe sich die Linie der Dächer über die ganze Stadt hin. Eine Erinnerung drängt sich mir auf: zu dem, was – wenn auch mit ganz anderem Hintergrund – über die Kathedrale von Albi in Südfrankreich gesagt worden ist: „Sie liegt über der Stadt wie ein Löwe über seiner Beute ..." Ein Bild, das auf beunruhigende Weise trifft. War nicht Durham ein Zentrum – **das** Zentrum des angelsächsischen Widerstands gegen die Normannen? Unbotmäßigkeit und Herausforderung! Ein Abgesandter König Wilhelms mit seiner Truppe niedergemacht! Kann er sich das bieten lassen, den sie „den Eroberer" nennen? Er kann es nicht und er tut es nicht. Die Züchtigung ist rücksichtslos. Und dies ist gewissermaßen ihr Monument: der Neubau des Gotteshauses für St Cuthbert. In Gang gebracht durch den normannischen Bischof Wilhelm von Calais im Jahre 1092, obwohl der Vorgängerbau erst etwa hundert Jahre alt war. Es ging wohl nicht um praktische Erfordernisse, sondern darum, ein Zeichen zu setzen.

Feiner Nieselregen stäubt herab, als ich über eine weite Rasenfläche auf die schier endlos hingestreckte Nordseite der Kathedrale zu gehe. Kein Wunder! Wir sind an der Grenze zum schottischen Norden und nicht fern ist der Hadrianswall, mit dem einst die Römer ihr Reich gegen jenes raue Land abschirmen wollten. Aber es ist viel Licht in den Wolken und der Kirchenbau, obwohl auftrumpfend und schroff, wirkt eleganter, ja filigran, je näher man ihm kommt. Und dann stehen wir im Inneren. Das ist einer der stärksten Eindrücke, die mir je ein Kirchenraum beschert hat, und ich habe einige gesehen. Eine Vision! Kräftige Rundpfeiler mit scharf eingekerbten Ornamenten, eine zur Berührung herausfordernde Plastizität. Klare, glänzende Verzierungen. Und im Osten das Wunder riesiger Fensterflächen in einer überraschend großzügig sich weitenden Chorpartie. Ein zartgliedriger gläserner Schrein. Nicht alles, was man sieht, stammt aus der normannischen Erbauungszeit, natürlich nicht. Auch hier treten spätere Veränderungen hinzu, aber gerade sie unterstützen und vollenden ja so oft das Gesamtbild und gerade darin liegt der gestalterische Reichtum.

Die Aufseher, freundlich und kompetent wie in fast allen größeren Kirchen des Landes, flüstern mir den Rat zu, nicht die Räume im Westen zu versäumen. Ein guter Rat. Dort befindet sich die Galiläa-Kapelle (12. Jh.) mit ihren schlanken gleichgeordneten Säulenstellungen, durch die sich manche Betrachter an maurische Architektur erinnert fühlen, und man verehrt dort das Grab des Mönchs Beda Venerabilis (672/3–735), der einer der bedeutendsten Gelehrten des frühen Mittelalters gewesen ist. Gegen diesen Bau verblassen alle anderen Eindrücke von Durham, selbst die trutzige Burg an der gegenüberliegenden Hügelkante. Auf dem Rückweg in die Stadt, die den Besucher beschaulich und gefällig aufnimmt, wende ich mich noch einmal zurück. Die Sonne bricht durch die Wolken. Die Turmspitzen glänzen. Darüber kreisen die Dohlen.

Weitere Ziele

Waltham Abbey, nördlich von London, ist eng mit dem Schicksal König Harolds verbunden. Hier betet er bei den von ihm hoch verehrten Reliquien und hier hat er der Tradition nach seine endgültige Grabstätte gefunden, von der aber keine Spuren vorhanden sind, wie übrigens der ganze Bau normannisch verändert wurde. Fontane, hochgradig „anglophil", schätzt den Ort als „einen jener wunderbaren Plätze, deren Zauber uns aussöhnt mit dem Gedanken des Sterbenmüssens."*

Die ehrwürdige von Rasenflächen umgebene Kathedrale (urspr. Abteikirche) von **St Albans,** an der „ältesten christlichen Stätte Englands" wirkt fast so, als wolle man uns vorführen, wie der Unterschied zwischen normannischer Romanik und der nachfolgenden Gotik aussieht: Im Langhaus ist die nördliche (linke) Seite teils im früheren Zustand zu sehen, während die übrigen Teile uns den Fortgang der Architekturentwicklung vor Augen stellt; vereinfacht gesagt: Rundbögen gegen Spitzbögen!

Die Stadt **Ely**, von Sümpfen umgeben, war lange ein Ort des Widerstands gegen das Normannenregime. Dann, ab 1083, entsteht unter Bischof Simon eine „sieghafte" Kathedrale, klar gegliedert und elegant verziert, die gleichsam als Triumph- und Friedenszeichen verstanden werden kann.

Manche andere englische Kirche hat trotz späterer Veränderungen mehr oder weniger umfangreiche Bauteile aus normannischer Zeit, beispielsweise die Kathedrale von **Chichester**. In **Salisbury** sind Stadt und Bischofskirche jünger, aber vor ihrer Neugründung gab es die alte Anlage auf der Höhe von **Old Sarum**, von der noch eindrucksvolle Spuren erhalten sind.

Auch in **York**, das einstmals ein Zentrum heftiger Unruhen gewesen ist, bietet der heutige Bau der Kathedrale („Minster") ein grandioses Ensemble im Stil der Gotik, also jünger, aber ein Besuch ist – schon des Gegensatzes wegen – unbedingt zu empfehlen, auch wenn man den Spuren der Normannen folgt. Das Museumszentrum „Yorvik" mit seiner höchst lebendigen Wikinger-Präsentation sollte man sich ebenfalls nicht entgehen lassen.

Wenn man von London nach Canterbury reist, lohnt sich ein Stopp in **Rochester**. Hier steht die düstere Ruine einer mächtigen Normannenburg und die benachbarte Kathedrale ist ein charaktervoller Bau, der zu den ältesten normannisch beeinflussten Bauten Englands gehört.

In **Canterbury**, dem altehrwürdigen christlichen Zentrum Britanniens, sieht man am Bau der Kathedrale (Abb. 26) nicht mehr viel aus der Normannenzeit. Dennoch lohnt auf jeden Fall ein Besuch der Stadt, die nicht ohne Grund eines der beliebtesten Touristen- und auch noch immer Pilgerziele des Landes ist. Nicht zuletzt wegen der Person des hl. Tho-

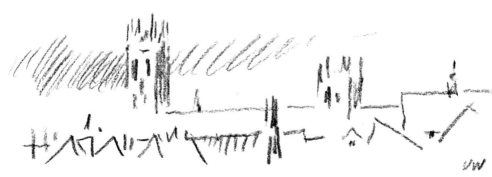

Abb. 26   Aus meinem Skizzenbuch: Die Kathedrale von Canterbury.

Abb. 27 Dover Castle.

mas Beckett, der eine Symbolfigur der Konflikte zwischen geistlicher und weltlicher Herrschaft des Mittelalters geworden ist und im Zuge dieser Auseinandersetzungen am Altar seiner Kirche ermordet wurde. Das war 1170 unter der Regierung König Heinrichs II. Plantagenet

Viele Englandreisen beginnen und enden an den „Weißen Klippen" des Kanals, wo in der Höhe weithin sichtbar die gewaltige Anlage von **Dover Castle** (Abb. 27) thront. Im Kern ist auch diese Festung nach den Prinzipien einer Normannenburg errichtet (Taf. 7 b), aber ihr Ausbau gehört vor allem in die Zeit König Heinrichs II. Plantagenet. Anschauliche Beispiele normannischer Wehrarchitektur sind beispielsweise **Hedigham Castle** (Essex), Sitz der Familie de Vere, **Richmond Castle** (North Yorkshire) und **Orford Castle** (Suffolk), besonders eindrucksvoll wirkt **Norwich Castle** (Norfolk), das aber stark restauriert wurde (19. Jh.).

Geschichte lebt!

Wenn man sich heute mit den Normannen und ihrer Geschichte befasst, muss man sich wundern, was für ein weit verbreitetes und starkes Interesse dem Thema allenthalben entgegengebracht wird. Wie kommt es zu dieser Faszination – über tausend Jahre hinweg?

Für **Großbritannien** liegen die Gründe wohl auf der Hand: Das Jahr 1066 markiert einen der wichtigsten Wendepunkte in der Geschichte der Nation. Und zwar einen, der bis heute fühlbare Auswirkungen hat – und der noch immer nicht ohne Emotion betrachtet wird! Selbst nach so vielen Generationen rühren die Niederlage und der Herrschaftswechsel von damals empfindliche Reaktionen auf. So kommt es, dass D. Nicolle schreiben kann: „Die Bedeutung der Normannen in der britischen und europäischen Geschichte wird von der englisch sprechenden Welt herabgemindert (*„to denigrate"*) oder zumindest nur widerwillig akzeptiert."[+] Und außerdem deutet der renommierte englische Militärhistoriker an, es sei vielleicht immer noch eine Frage verletzten Stolzes und gewisser nationaler Antagonismen gegenüber Frankreich, wie sie in der Vergangenheit wiederholt eine Rolle gespielt haben. Ist es tatsächlich dieser Stachel, der die Nähe zum Thema und seine fortdauernde Aktualität verursacht? *„William the conqueror"* steht – obwohl er fest ins dynastische Geschichtsbild gehört – in gewisser Hinsicht immer noch als eine „zwielichtige" Gestalt da: Ein gewaltsamer, wenn auch effektiver und auf seine Art konstruktiver Herrscher, der freilich auch schon einmal als „Kriegsverbrecher" bezeichnet wird (S. 45). Vergessen wir nicht, wie bedrängend die Folgen der Niederlage von Hastings gewesen sind, und dass damals – durchaus mit heftigem Druck – gesellschaftliche Strukturen geschaffen wurden, die zum Teil heute noch nachwirken. Andererseits scheint die intensive Übernahme sprachlicher Elemente (was ja immer auch Bewusstseinsinhalte berührt) kein Problem mehr darzustellen.

In **Frankreich** hingegen kann man eine fast ungebrochen patriotische Vereinnahmung des normannischen Elements konstatieren. Nicht nur die Einwohner der Normandie sind fest ins Bewusstsein der *„grande nation"* integriert, auch ihre Vorfahren aus dem 11. Jh. gehören vorbehaltlos zum französischen Erbe. Bereits Napoleon erklärte Wilhelm und die Seinen zum nationalen Vorbild (S. 92) und sah den Feldzug gegen England als Beispiel für seine eigenen Invasionspläne, die freilich nie zur Ausführung gekommen sind. Mehr noch: Heute gilt nach Ausweis neuerer Literatur *„Guillaume le Conquérant"* als eine der größten Persönlichkeiten aller Zeiten und als ein Mann, der die Gesellschaftsentwicklung seiner Zeit positiv bestimmt hat.*

Auch in **Italien**, speziell im Süden, wird die Erinnerung an die Normannen mit Faszination wach gehalten, beispielsweise durch die Heldengeschichten der *„Pupi"* (traditionelle Marionettenspiele) oder durch Schaugepränge wie den *„Palio dei Normanni"* (historisch inspirierte Kampfspiele) in Piazza Armerina (Sizilien), der freilich ganz anders orientiert und mehr als Volksfest angelegt ist als die *Re-enactment*-Veranstaltungen im englischen Battle.

In **Skandinavien** ist es vor allem das Wikingererbe, das einen herausragenden Bestandteil des heutigen Geschichtsbewusstseins bildet. Wikingermuseen (Roskilde, Oslo, Visby), wie es sie übrigens auch in Großbritannien (York, Isle of Man) und Irland (Dublin) gibt, zeigen die Geschichte, die technischen Errungenschaften (u.a. die Schiffe!) und die künstlerischen Ausdrucksformen dieser immer noch lebendigen Vergangenheit. Selbstverständlich gibt es auch hier vielbesuchte Events, mit welchen Geschichte erlebbar wird: den Wikingermarkt in Ribe, die Wikingerfeste in Roskilde und im Mittelalterzentrum von Nykøbing sowie die Mittelalterwoche in Visby auf Gotland, um nur einige zu nennen.

Was **Deutschland** betrifft, so steht es im Interesse nicht zurück, was in zahlreichen Veröffentlichungen, Diskussionsforen, Rollenspiel-Veranstaltungen usw. zu Tage tritt. Mit groß angelegten Events wird beispielsweise auf dem Gelände von Haithabu bei Schleswig das Leben und Treiben eines bedeutenden Marktzentrums zur Zeit der ersten Jahrtausendwende wieder zum Leben erweckt und viel Sorgfalt und Mühe werden in zahlreiche oft ganz persönlich geprägte Aktivitäten investiert, von denen manche getrost als Formen experimenteller Kulturwissenschaft betrachtet werden dürfen. Neben solchen zweifellos begrüßenswerten Erscheinungen muss allerdings auch ein anderes – leider recht bedenkliches – Phänomen erwähnt werden: Es lässt sich nicht leugnen, dass in Deutschland das Bild von Wikingern und Normannen durch die übersteigerten Identifikationsversuche in der Propaganda des „Dritten Reiches" belastet worden ist. Die nationalsozialistische Ideologie wollte in diesem Gegenüber das Vorbild eines „nordischen" Menschentyps sehen, der aus verqueren Rassentheorien heraus zum Ideal erhoben und zum Inbegriff schöpferischen Geistes und siegreicher Kraft stilisiert wurde. Verstiegene Stilisierungen wurden als Unterstützung für die eigenen aggressiven politischen Ziele in die Welt gesetzt. Daher hat man in der Geschichtsbetrachtung – mit einiger Klitterung – auch die Normannen als unmittelbare Vorfahren vereinnahmt und jene kriegerischen Eigenschaften, die man bei ihnen verkörpert sah, in den Himmel gehoben. So umgab beispielsweise Heinrich Himmler, Oberster Befehlshaber der SS und einer der Hauptverantwortlichen für die Verbrechen des „Dritten Reiches", den Teppich von Bayeux mit einer geradezu götzenhaften Verehrung! Gewiss: Es mag sein, dass derartige Vorstellungen hier und da selbst heute noch nachwirken, aber dergleichen darf nicht etwa dazu führen, das gesamte Interesse an den markanten und dramatischen Aspekten eines historischen Geschehens in Misskredit zu bringen.

Die Normannen sind also „in" – und das ganz entschieden über nationale Begrenzungen hinweg. Vielleicht sieht man sie (wie übrigens auch die Römer – und wie auch diese höchstens teilweise zu recht!) sozusagen als Vorbild moderner Denk- und Handlungsformen: Pragmatismus, Innovationsbereitschaft, nüchterne Zielstrebigkeit. Man denke nur daran, wie die Truppen Herzog Wilhelms für die Landung in England Verschanzungselemente mitführten, die offenbar in „Fertigteilen" vorbereitet waren. Oder man betrachte den ebenso rigorosen wie wirkungsvollen verwaltungstechnischen Ansatz mit dem der neue König das eroberte Land in den Griff genommen hat (*„Doomsday Book"*, S. 114). Auch die „instrumentale" Auffassung von der Rolle, die Religion und Kirche zu spielen hätten, könnte man in diesem Zusammenhang sehen. Aber solche unmittelbaren Vergleiche hinken stets und führen, wenn man sie übertreibt, zur „Verbiegung" von Geschichte.

Bücher, Filme, Internet ...

Literatur ist, wie so oft, wohl immer noch das nächstliegende „Auskunftsmittel" und deshalb wollen wir zuerst das Angebot an Buchtiteln berücksichtigen. Das kann aber leider nur in Form einer sehr knappen Auswahl geschehen, weil die Fülle schier unüberblickbar ist.

Und nicht jeder vergräbt sich gerne zwischen Buchseiten. Deshalb sollten wir uns auch mit den Medien des populären Unterhaltungsbereichs befassen: Filme, Spiele usw.

Und spezielle Beachtung verdient ganz zweifellos das Internet!

Quelleneditionen

Dies sind die einzigen schriftlichen „Quellen", die tatsächlich unmittelbar am Geschehen sind. Auch sie müssen freilich „mit Vorsicht genossen werden", vor allem, weil sie oft parteilich sind! Hier einige wichtige Beispiele – in neuzeitlichen Druckfassungen und teils auch schon im Internet verfügbar:

„*Anglo-Saxon Chronicle*" (ins Engl. übers.), London 1965; Internet: bei Projekt Gutenberg: http://www.gutenberg.org/ebooks/657

„*Carmen de Hastingae Proelio*", Oxford 1972

"*Chronicle of Battle Abbey*", Oxford 1980

Fauroux, M.: "*Recueil des Actes des Ducs de Normandie*", Caen 1961

Ordericus Vitalis: "*The Ecclesiastical History of Orderic Vitalis*", Oxford 1969–80; "Historia Ecclesiastica", Paris 1838–1855; "*The Ecclesiastical History of England and Normandy*", (ins Engl. übers.) London 1853; Internet: <http://archive.org/details/ecclesiasticalhi02ordeuoft>

"Vita Aedwardi Regis, The Life of King Edward" (ins Engl. übers.), London 1962

"*Regesta Regum Anglo-Normannorum, 1066-1154*", und darin speziell: "*Regesta Willelmi Conquistoris et Wilhelmi Rufi*", hg. v. H. W. C. Davis, R. J. Whitwell u. C. Johnson, Oxford 1953; Internet: <https://archive.org/details/regestaregumangl01grea>

Wilhelm von Jumièges/Guillaume de Jumièges: "*Gesta Normannorum ducum*", Paris 1914; "*Histoire des Ducs de Normandie*" (ins Französ. übers.), Caen 1826

Wilhelm von Malmesbury: "*Gesta Regum Anglorum*", Rouen, Paris 1887–89 bzw. (ins Engl. übersetzt), Oxford 1998/9

Wilhelm von Poitiers/Guillaume de Poitiers: "*Gesta Guillelmi ducis Normannorum et regis Anglorum*", Paris 1952; "*Vie de Guillaume le Conquérant*" (ins Französ. übers.), Caen 1826 <http://remacle.org/bloodwolf/historiens/guillaumedepoitiers/normands1.htm>

Sachbücher

Die Flut der Titel ist so gewaltig, dass hier „nun wirklich" nur eine winzige und persönliche Auslese (nach Verfassernamen) geboten werden kann, die einfach lückenhaft und damit „ungerecht" sein muss.

Adam, Ernst: "*Baukunst des Mittelalters 1*", Frankfurt/M. 1963 (= Ullstein Kunstgeschichte, 9)

Austin, Nick: "*Secrets of the Norman Invasion*", Ogmium Press 2010 (grundsätzlich kritisch gegenüber der Forschungstradition, wartet mit eigenständigen und teils kontroversen Vorstellungen auf)

Bouard, Michel de: "*Guillaume le Conquérant*", Paris 1958

Bradbury, Jim: "*The Battle of Hastings*", Gloucestershire 1998

Bramley, Peter: „*A Companion & Guide to the Norman Conquest*", Stroud, Gloucestershire 2012 (vielseitig und hilfreich)

Brooke, Christopher: „*The Saxon and Norman Kings*", London 1959

Brown, R. Allen: „*Die Normannen*", München 1991

Churchill, Winston S.: „*The Birth of Britain, A History of the English-Speaking Peoples, Volume One*", New York 1956

Coad, Jonathan: „*Battle Abbey and Battlefield*", London 2007

Camp, John u. Dinah Dean: „*King Harold´s Town*", Walthham Abbey 1988

Douglas, David C.: „*Wilhelm der Eroberer, Herzog der Normandie*", München 1994 (umfangreiche Literaturangaben!)

Faber, Gustav: „*Piraten oder Staatengründer, Normannen vom Nordmeer bis zum Bosporus*", Gütersloh 1968

Fettu, Annie: „*Queen Mathilda*", Cully 2005
„*Guillaume le Conquérant*", Bayeux 2012

Fischer, Ulrich: „*Stadtgestalt im Zeichen der Eroberung: Englische Kathedralstädte in frühnormannischer Zeit (1066–1135)*" (Diss.), Köln 2003 (intensive Untersuchung der Zusammenhänge von Machtapparat und Sakralarchitektur)

Funcken, Liliane u. Fred: „*Rüstungen und Kriegsgerät im Mittelalter, Ritter in Turnier und Schlacht. Kriegszüge und Belagerungen. Sturm auf Burgen und Befestigungen, 8.–16. Jahrhundert* ", München 1979 (reichhaltiger sehr gut illustrierter Überblick)

Geburt, Jana: „*Die Schlacht von Hastings im Jahre 1066: Die Repräsentation der Hauptakteure in Geschichte und Literatur*", Magisterarbeit, Leipzig 2005

Gravett, Christopher u. Christa Hook: „*Norman Knight, AD 950-1204*", Oxford 1993 (genaueste und reichhaltigste bisher verfügbare Studie, ausgezeichnet illustriert, genau wie das folgende)
 u. Adam Hook: „*Norman Stone Castles (1), The British Isles, 1066–1216*", Oxford 2003 (umfassend und übersichtlich)

Grehan, John u. Martin Mace: „*The Battle of Hastings 1066, The Uncomfortable Truth*" Bamsley 2012

Harrison, Marc u. Gerry Embleton: „*Anglo-Saxon Thegn, Weapons, Armour, Tactics*", London 1993

Heath, Ian u. Angus McBride: „*The Vikings*", London 1985

Hicks, Carola: „*The Bayeux Tapestry, The Life Story of a Masterpiece*", London 2006

Howarth, David: „*1066, The Year of the Conquest*", 1981

Lemagnen, Sylvette u. Isabelle Attard-Robert: „*Sur les Traces Vikings, l´Héritage Viking dans la Tapisserie de Bayeux*", Bayeux o. J.

Mabire, Jean: „*Guillaume le Conquérant*", Paris 1987

Marren, Peter: „*1066, The Battles of York, Stamford Bridge and Hastings*", Bamsley 2002

Metken, Günter: „*Ragende steinerne Macht*", in: Normandie, Merian 5 XX, S. 24–27

Neveux, François u. Claire Ruelle: „*Guillaume le Conquérant, Le bâtard qui s´empara de l´Angleterre*", Rennes 2013

Nicolle, David u. Angus McBride: „*The Normans*", London 1987

Pape, Urs: „*Die wahre Geschichte der Wikinger-Normannen-Engländer, Ein Geschichtsbuch mit Reisetipps*", Gelnhausen 2010 (erfrischend unkonventionell, teils eigenwillig und zweifellos bedenkenswert)

Rex, Peter: „*1066, A New History of the Norman Conquest*", Gloucestershire 2001
„*The English Resistance, The Underground War against the Normans*", Gloucestershire 2004
„*Hereward, The Last Englishman*", Gloucestershire 2005
„*William The Conqueror, The Bastard of Normandy*", Gloucestershire 2012
„*Edward the Confessor, King of England*", Gloucestershire 2013

Rowley, Trevor: „*Norman England*", Oxford 2010

Schäfke, Werner: „*Englische Kathedralen*", Köln 1983

St John Parker, Michael: „*William the Conqueror and the Battle of Hastings*", Andover 1997

Stenton, Frank: „*Der Wandteppich von Bayeux*", Köln 1957

Walker, Ian W.: „*Harold, The Last Anglo-Saxon King*", Gloucestershire 1997

Wilson, David M: „*Der Teppich von Bayeux*", Frankfurt/M. u. Berlin, 1985

Williams, Brenda: „*The Normans*", Andover 2006
„*The Saxons*", Andover 1994

Wise, Terence u. G.A. Embleton: „*Saxon, Viking and Norman*", London 1979

Zeitschriften

„*L'An Mil*", Historia Special 480, Dezember 1986

„*Die Schlacht von Hastings*", in: P. M. History, April 2003

„*Der Kampf um England*", in: P. M. History, 5, 2013

„*The Battle of Hastings 1066, The Uncomfortable Truth*", in: Medieval Warfare, III, 3

„*Les Normands, De la Normandie au Royaume de Sicile, Rollon, Guillaume le Conquérant, Robert Guiscard*", Sonderheft: Histoire Antique & Médiévale 28, 2011

„*La France Féodale*", Sonderheft: Historia, 90, 2004

„*Les Plantagenêts, Un Empire au Moyen Age, Aliénor, Richard Coeur de Lion, Jean sans Terre*", Sonderheft: Histoire, Les Collections, 2012

Romane

Die Flut historischer Romane zum Thema ist ebenfalls kaum zu überschauen und viele sind ernsthaft um historische Stimmigkeit und korrektes Ambiente bemüht, selbst wenn sie in mancher Hinsicht Fantasie walten lassen:

Bengtsson, Frans G.: „*Die Abenteuer des Röde Orm*" (m. E. „der" Klassiker des Wikingerromans! Stimmig, spannend, humorvoll; oft kopiert und kaum je erreicht.)

Binns, Stewart: „*Conquest*" (über den „Widerstandskämpfer" Hereward of Bourne)

Fitzpatrick, Kylie: „*Der geheime Faden*" (Eigenwillige und „denkbare" Version zur Entstehung des Teppichs von Bayeux, lesenswert)

Follett, Ken: „*Die Säulen der Erde*" (breit angelegtes Panorama der Zeit vom Ende der Rolloniden-Dynastie bis zum „Auftritt" der Plantagenets, architekturbetont, Bestseller)

Gablé, Rebecca: „*Das andere Königreich*" (ein Engländer wird zum Vermittler zwischen König Wilhelm und den Angelsachsen, versiert und ausführlich)

Rathbone, Julian: „*The Last English King*" (das Schicksal König Harolds mit „Insider-Augen")

Schiewe, Ulf: „*Das Schwert des Normannen*" (Kämpfe der Hauteville-Brüder in Süditalien, flüssig)

Über diese Tipps hinaus gibt es – wiederum besonders für den englischsprachigen Bereich – ganze Internet-Programme, die das literarische Feld in vollem Umfang erschließen; ich nenne einmal speziell die Website „*Historical Novels. info*" mit der reichhaltigen Sparte: „*The Norman Conquest and England from 1066–1133; 11th–12th Century Sicily*": <www.historicalnovels.info/Medieval-Normans.html.>.

Übrigens hat sich auch die Literaturform der Comics des Themas „Normannen" angenommen. Lesenswert (und preisgekrönt – trotz m. E. gewisser zeichnerischer Schwächen) ist:

Mogère, Serge: „***Les Riches Heures du Chevalier Arnauld***", (französ.) Saint-Martin du Bec, 1992, auch (in engl. Übersetzung): „***The Great Moments of Arnauld de Bichancourt***". Ein Gefolgsmann Herzog Wilhelms erlebt die Invasion und die Schlacht von Hastings.

Filme

Wenn man unter dem Stichwort „Normannen" ins Internet geht, stößt man sehr bald auf einen Filmtitel, der freilich jüngeren Interessenten nicht viel sagen wird: „Die Normannen kommen" („*The War Lord*", USA 1965, Regie: Franklin J. Schaffner, mit Charlton Heston und Richard Boone). Eine wirkungsvoll erzählte Geschichte mit viel Atmosphäre, die aber (aus unserer Sicht) bedauerlicher Weise daran krankt, dass sie mit den historischen Gegebenheiten lässig umgeht. „Eben Hollywood". Vorsicht ist erst recht geboten, wenn es um die Wikinger geht. Ein „Klassiker" ist dennoch „Die Wikinger" („*The Vikings*", USA

1958, Regie: Richard Fleischer, mit Kirk Douglas, Tony Curtis, Ernest Borgnine und Janet Leigh). Tatsachenferner ist leider, wenn auch an Motiven aus „Röde Orm" orientiert: „Raubzug der Wikinger" („*The Long Ships*", GB 1964, Regie: Jack Cardiff, mit Richard Widmark, Sidney Poitier und Rosanna Schiaffino). Völlig „ins Märchenland" führt (wenn auch spannend!) „Prinz Eisenherz"(„*Prince Valiant*", USA 1954, Regie: Henry Hathaway, mit Robert Wagner, Janet Leigh und James Mason). Das Zusammentreffen von Wikingern mit einer (romantisch übersteigerten) Ritterwelt des Hochmittelalters entbehrt jeder historischen Glaubwürdigkeit, ganz so, wie bei dem zugrundeliegenden Comic von Hal Foster, der seinerseits ein Klassiker seines Mediums ist.

Prinzipiell gut recherchiert und zugleich spannend ist der Dokumentar-Spielfilm „1066, Die Schlacht um England" („*1066*", GB 2009, Regie: Justin Hardy), der den Blickwinkel einfacher Landleute einnimmt, die von den Ereignissen überrollt werden.

ZDFinfo hat „Die Normannen" gesendet, eine sehenswerte historische Themenreihe, die in drei Teile gegliedert ist: 1. „Die Eroberer", 2. „Königreich in der Sonne", 3. „Der Identitätsverlust"; u. a. am 9.11.2013, auf Wiederholungen ist zu hoffen.

Weitere Medien

Ein interessantes „Spiel in Buchform" („Spielbuch") bietet „Invasion der Normannen" von Jon Sutherland und Simon Farrel (deutsch: Frankfurt/M. 2011). Es führt den Leser in die Geschehnisse von 1066 ein, indem es ihm erlaubt, in die Rolle eines Beteiligten zu schlüpfen und selbst über den Fortgang der Handlung zu entscheiden. Auf dem heute so boomenden Sektor der Computerspiele scheint eindeutig – mehr als in Büchern und Filmen – das Thema „Wikinger" zu dominieren und der Blick auf ihre Nachfahren in den Hintergrund zu treten. Da gibt es beispielsweise „Saga – Siegeszug der Wikinger" (Koch Media GmbH), „*Red Rocks*: Beutezug der Wikinger"(UIG GmbH) oder „Medieval: Total War – Viking Invasion" (Activision) und viele andere.

Auch in dem Internet-Spiel „Die Normannen" <http://die-normannen.browsergames.de/> geht es eher um die Wikinger als um ihre Nachfahren, die wir im engeren Sinn unseres Themas als Normannen ansprechen. Man kann darin die „Welt erobern" und, falls einem so etwas gefällt, mit „Plündertrupps" sein „Volk zu Ruhm und Ehre führen".

Internet

Und nun kommen wir zu der Informationsquelle, die in den letzten Jahren ohne Frage die wichtigste, zumindest die meistgenutzte, geworden ist, und wenn sie hier als Letzte genannt wird, dann aus „historischen" Gründen und nicht im Sinne fehlender Bedeutung! Was das Internet gerade zu unserem Thema bietet, ist immens: Websites, Blogs, lexikalische Artikel, aktuelle Hinweise und ein kaum überschaubares Spektrum von Einzelthemen. Folgender „link" gibt eine Vorstellung: <http://www.essentialnormanconquest.com/encyclopedia.htm>

Da bekommt man (in englischer Sprache) „das Wichtigste über die normannische Eroberung" präsentiert: Fakten, Daten und Porträts, Begriffsklärungen und Hintergrundinformationen sowie Querverweise und weiterführende Adressen. Ein weiterer „Anlaufpunkt" (in französischer Sprache) ist: <http://www.lafabuleuseepopee.com/>

Hier wird man in die „märchenhafte Geschichte von Wilhelm dem Eroberer" eingeführt und erhält neben Personen-, Orts- und Ereignisbeschreibungen auch Bildmaterial, Videos und manche spielerischen Formen der Geschichtsvermittlung angeboten.

Enzyklopädische Ausarbeitungen, wie sie von „Wikipedia" angeboten werden, erwähne ich schließlich gar nicht ausdrücklich, sondern „nur nebenbei", weil sie inzwischen einfach als selbstverständlich vorhandene Informationsgrundlage betrachtet werden.

Es gibt also zahlreiche Wege zu fundierter und/oder unterhaltsamer Information und Meinungsbildung. Dieses Buch versteht sich als „Einstieg". Einstieg in ein Thema, das historisch verortet ist, aber folgenreich und daher immer noch aktuell, außerdem farbig, menschlich berührend und – spannend. Einstieg auch in ein vielfältiges, tief gestaffeltes Panorama von Fakten, Daten und Informationen. Und natürlich: Einstieg ins „Abenteuer Geschichte".

Praktische Tipps für „Abenteurer"

Genau wie Geschichte selbst ein Abenteuer ist, so gilt das auch für die Beschäftigung mit Geschichte. Man kann ein Abenteuer des Geistes daraus machen, oder auch – und das ist von besonderem Reiz! – sich auf ein ganz reales Erlebnis einlassen, beispielsweise in Form einer Reise.

Das interessanteste und freilich auch umfangreichste Projekt in diesem Zusammenhang wäre eines, das den Titel unseres Buches realisiert: „Mit den Normannen nach England"! Da geht es zuerst in die Normandie (S. 120 ff.), Landschaftserlebnisse „gratis", weil sie sich im „grünen Land" von selbst ergeben. Dann kommt die „Überfahrt"! Man sollte eine Fährverbindung wählen, die ungefähr der Route der Invasion von damals folgt. Und dann ist man im Süden Englands (S. 127 ff.). Und auch hier ergänzt die Begegnung mit Land und Leuten reizvoll das Geschichtserlebnis.

Gewiss: Dies ist der Umriss eines „Maximalprogramms", das nicht in jeden Urlaubs- und Finanzplan passt. Aber es muss ja nicht immer (und nicht unbedingt auf einmal) „das Ganze" sein. Man kann schließlich Teile des Spektrums auswählen – und „ein anderes Mal" weitermachen …

Reiseführer ...

Für die hier angesprochenen Themen gibt es – mehr noch als bei den weiter oben vorgestellten Medien – eine so bunte Vielfalt und die persönlichen Vorlieben gehen so weit auseinander, dass Ratschläge beinahe sinnlos werden. Es liegt schließlich ganz im Belieben aller Interessenten, ob man lieber einen systematischen kunst- und kulturgeschichtlichen Führer wählt oder eine Tourenbeschreibung mit Kulinarik, Wellness und Golfplätzen, ob man ein schmales Heft wie von Polyglott („Normandie") oder Vista Point („Südengland mit Landkarte") bevorzugt, einen „lexikalischen" Überblick wie von Michelin („Normandie, Vallée de la Seine", „London"), ein Merian-Heft („Die Normandie", „Südengland") mit seinen Fotoseiten und literarischen Exkursen oder die guten alten immer noch empfehlenswerten, weil vorzüglich knappen Schwann Führer („Normandie, Bretagne"). Wichtig scheint mir die Bemerkung, dass keineswegs immer der „Letzte Schrei" auf dem Buch- und Medienmarkt die besten Auskünfte bietet. Was mich betrifft, so finde ich in manchen älteren Ausgaben gerade das, was mich interessiert. Aber das ist, wie so vieles, Geschmackssache.

... usw.

Auch hier gibt inzwischen das Internet viele gute Anregungen, zum Beispiel: *„Sur les Traces de Guillaume the Conquérant* – Auf den Spuren Wilhelms des Eroberers": <http://www.calvados.fr/cms/accueil-calvados/calvados-votre-normandie/histoire-patrimoine/terre-de-memoire/sur-les-traces-de-guillaume-le-conquerant>. Und ein englisches Gegenstück ist: „*Where History happened* – Wo Geschichte stattfand": <http://www.historyextra.com/normanconquest>.

Anmerkungen

Die Zahlen in den Klammern beziehen sich auf die Seiten, auf denen ein * zu finden ist.

(8) J. Geburt S. 2
(10) <http://www.geschichtsforum.de/f38/wikinger-untergang-18710/index2.html>
(22) R. A. Brown, S. 23
(26) W. S. Churchill, S. 155
(29) In diese Epoche verweist auch der Sagenkreis um König Artus (z. B. bei Geoffrey of Monmouth, 12. Jh.). Solche Überlieferungen kamen übrigens den politischen Interessen der Normannen entgegen, weil sie hier mit ihrem Herrschaftsanspruch anknüpfen und Bezüge zu gemeinsamen Vorbildern von Normannen und Angelsachsen herstellen konnten. Auch dies ein „Propaganda-Schachzug"?
(33) W. S. Churchill, S. 139
(37) W. S. Churchill, S. 146
(39) P. Rex 2011, S. 2; vgl. auch: <http://www.orthodoxchristianity.net/forum/index.php?topic=6406.0>
(40) W. S. Churchill, S. 149
(43) G. Faber, S. 152
(43) W. S. Churchill, S. 153
(45) Siehe: P. Rex 2012 (Pressestimmen)
(45) D. C. Douglas, S. 91
(47) Vgl. J. Mabire (Umschlagbild) und D. Nicolle/A. McBride Taf. B/C
(48) D. Knowles: „The Monastic Order in England", Cambridge 1963, zitiert nach R. A. Brown, S. 35
(50) Vgl. I. W. Walker, S. 136
(57) D. C. Douglas, S. 189
(58) W. S. Churchill, S. 160
(62) Die ereignisreichen Tage zwischen der Landung bei Pevensey und der Schlacht von Senlac Hill/Battle sind hier ganz knapp zusammengefasst, gewissermaßen im Telegrammstil, auch um etwas von der Atemlosigkeit des Geschehens zu vermitteln. Informationsgrundlage ist dabei die weitaus umfangreichere Darstellung „Timeline", die Nigel Cawthorne für Osprey Publishing erstellt hat: <http://www.essentialnormanconquest.com/timeline.htm>
(73) J. Bradbury, S. 110
(74) D. Howarth, S. 8
(80) So letztens in dem halbdokumentarischen Film „1066"
(81) Aus „Romanzero", vgl. S. 16 in: <http://www.bookrix.de/_ebook-heinrich-heine-romanzero/>; zum Zusammenhang mit Fontane vgl. „Mit Fontane durch England und Schottland", hg. v. O. Drude, Frankfurt/M., Leipzig 1998, S. 75
(89) Dieser Punkt wird nachdrücklich und nicht ohne Grund gegen die traditionelle Ortsfestlegung angeführt. Gewisse Funde gibt es allerdings doch; so wird über ausgegrabene Armbrustpfeile berichtet, die sogar als Hinweis dafür gelten, dass die Normannen über solche Waffen verfügt haben. Vgl.: <http://de.wikipedia.org/wiki/Armbrust>
(89) Zu diesem Disput vgl. kürzlich u. a. N. Austin und U. Pape
(91) Wer keine Gelegenheit findet, das *Reenactment* an Ort und Stelle zu erleben, hat reichlich Gelegenheit, übers Internet teilzunehmen (z. B. über „youtube")
(92) Zitiert nach C. Hicks, S. IX
(94) Zu den „Verdächtigen", die sonst genannt werden, gehören vor allem Eustace von Boulogne und Edith von Wessex
(96) W. Schäfke, S. 10

(106) D. C. Douglas, S. 251
(107) R. A. Brown, S. 97 f.
(107) D. C. Douglas, S. 223
(109) F. Neveux u. C. Ruelle, S. 89
(112) G. Metken, S. 26
(113) U. Fischer, S. 282
(114) Vgl. Walter Scott: „Ivanhoe" (Orig. 1819), Penguin Popular Classics, London 1994, S. 14 f.
(115) Wilhelm von Malmesbury in seiner „Chronik der englischen Könige". Hier zitiert nach: <http://de.wikipedia.org/wiki/Wilhelm_II._%28England%29>
(120) Jean Chatelain: „Zum Träumen bleibt keine Zeit", in: Merian 5XX, S. 4–11
(121) Zitiert nach Antoine Blondin: „Calvados und Camembert", in: Merian 5XX, S. 61
(122) A. Blondin, S. 60–63
(124) Marcel Proust: „Auf der Suche nach der verlorenen Zeit, In Swanns Welt 1", Frankfurt/M. 1964, S. 239; zur Verbindung mit Caen: G. Metken, S. 25
(125) E. Adam, S. 111
(128) Rudyard Kipling: „Sie", vgl. „Die phantastischen Erzählungen, Frankfurt/M., Berlin Bd. 2, S. 160
(135) Vgl. Fontane (siehe Anm. zu S. 53), S. 75
(138) D. Nicolle, S. 3
(139) Jean-Léonce Dupont in: S. Mogère, S. 3

Abbildungsnachweis

Abb. 5, 7, 8, 9, 15, 21, 24	Umzeichnung nach dem Teppich von Bayeux, der Autor
Abb. 6	Umzeichnung nach Buchmalerei in einem angelsächsischen „Hexateuch" der Brit. Library, 11. Jh., der Autor
Abb. 19	Umzeichnung nach dem zweiten Siegel von Battle Abbey, der Autor
Abb. 22	Umzeichnung nach dem Widmungsbild der „Gesta Normannorum Ducum" des Wilhelm von Poitiers, B M Rouen, Ms1174 Y 14, der Autor
Taf. 4 a	Détail de la Tapisserie de Bayeux – XIe siècle, avec autorisation spéciale de la Ville de Bayeux
Taf. 4 b	Myrabella, Bayeux Tapestry – Szene 23: Harold leistet einen Eid auf heilige Reliquien vor Herzog Wilhelm. Titulus: UBI HAROLD SACRAMENTUM FECIT WILLELMO DUCI (Wo Harold vor Herzog Wilhelm einen Eid leistete), Wikimedia Commons, gemeinfrei
Taf. 5 b	Image on web site of Ulrich Harsh, Bayeux Tapestry, Szene 53, Wikimedia Commons, gemeinfrei
Alle übrigen Zeichnungen, Aquarell/Gouache und Fotografien:	der Autor